p 30
p 61, 63 changements à l'adolescence
A Kriance p 132, 133
drame d'enfant p 200

PARLER D'AMOUR AU BORD DU GOUFFRE

Les Nourritures affectives, 1993, « Poches Odile Jacob », 2000.
Les Vilains Petits Canards, 2001, « Poches Odile Jacob », 2004.
L'Ensorcellement du monde, 1997, « Poches Odile Jacob », 2001.
Un merveilleux malheur, 1999, « Poches Odile Jacob » 2002.
Le Murmure des fantômes, 2003.

BORIS CYRULNIK

PARLER D'AMOUR
AU BORD DU GOUFFRE

Odile
Jacob

© Éditions Odile Jacob, octobre 2004
15, rue Soufflot, 75005 Paris

ISBN : 2-7381-1556-X

www.odilejacob.fr

I

INTRODUCTION

Un secours innocent

Pour paraître sage, il suffit de se taire. Mais quand on a 16 ans, le moindre bavardage est un accouplement verbal, on crève d'envie de parler.

Je ne me rappelle pas son prénom. On disait « Rouland », son nom de famille, je crois. Il ne parlait jamais, mais il ne se taisait pas n'importe comment. Certains font silence pour se cacher, ils baissent le nez, évitent le regard pour se couper des autres. Lui, par son attitude de beau ténébreux signifiait : « Je vous observe, vous m'intéressez, mais je me tais afin de ne pas me livrer. »

Rouland me captivait parce qu'il courait vite. C'était important pour l'équipe de rugby des cadets du lycée Jacques-Decour. Nous dominions souvent par notre force physique, mais nous étions battus faute d'ailier rapide. Alors, j'ai copiné avec lui. Dans nos conversations, je devais tout fournir : les questions, les réponses, les initiatives et les décisions d'entraînement. Un jour, après un long silence, il m'a dit soudain : « Ma mère t'invite à un goûter. »

En haut de la rue Victor-Massé, près de Pigalle, une impasse, comme dans un village, avec des gros pavés, des étalages de fruits, de légumes et un charcutier. Au deuxième étage, une petite bonbonnière. Rouland, silencieux sur un canapé, et moi gavé de chocolats, de gâteaux et de fruits confits servis dans des petites assiettes dorées. Je m'appliquais beaucoup à faire semblant de ne pas comprendre comment sa mère gagnait sa vie, rue Victor-Massé ou dans les cafés de Pigalle ?

Cinquante ans plus tard, il y a quelques mois, je reçois un coup de téléphone : « Rouland à l'appareil. Je suis de passage près de chez toi, veux-tu qu'on se voie deux minutes ? » Il était mince, élégant, assez beau et parlait nettement plus : « J'ai fait une école de commerce, ça ne m'a jamais beaucoup intéressé, mais je préférais la compagnie des livres à celle des copains qui m'ennuyaient et des filles qui m'effrayaient. Je voulais te dire que tu as changé ma vie. » J'ai pensé : « Ça, alors ! » Il a ajouté : « Je te remercie d'avoir fait semblant de ne pas comprendre que ma mère faisait ce métier. » Il n'a pas osé prononcer le mot. « C'est la première fois que je voyais quelqu'un attentionné avec elle... Pendant des années, je me suis repassé les images de cette scène, toi qui faisais le naïf, un peu trop poli peut-être, mais c'était la première fois qu'on respectait ma mère. Ce jour-là, j'ai repris espoir. Je voulais te le dire. »

Malgré ses progrès, Rouland était toujours ennuyeux. Nous ne nous sommes pas revus, mais cette retrouvaille m'a posé une question. Dans mon monde à moi, je voulais simplement le recruter comme trois-quarts aile de l'équipe de rugby. Je n'avais pas de raisons de mépriser cette gentille dame étrangement vêtue. Mais, dans son monde à lui, cette histoire avait provoqué un heureux chamboulement. Il découvrait qu'il pouvait ne plus avoir honte. Sous le regard d'un tiers, son tourment provoqué par la profession de sa mère laissait poindre un apaisement. Le travail psychologique restait à faire, mais il commençait à y croire car il venait de comprendre qu'on peut changer un sentiment. Ma mauvaise comédie avait mis en scène une signification importante pour lui. Ma politesse ennuyée lui avait donné un peu d'espoir.

Le sens attribué à un même scénario comportemental était différent pour chacun de nous. Ce n'était pas dans l'acte qu'il fallait le chercher, mais dans nos histoires privées : petite intrigue pour moi, bouleversement affectif pour lui. Cinquante ans plus tard, j'apprenais avec étonnement que j'avais servi de tuteur de résilience à Rouland.

Il a cru à la lumière parce qu'il était dans la nuit. Moi qui vivais en plein jour, je n'avais rien su voir [1]. Je percevais un réel qui n'avait pas grand sens pour moi : une dame me servait trop de chocolats, il faisait chaud dans sa bonbonnière, je me demandais comment elle parvenait à respirer avec sa gaine serrée pour faire bomber ses seins. Prisonnier du présent, j'étais fasciné, alors que Rouland, lui, vivait un moment fondateur.

---

1. E. Rostand, « C'est dans la nuit qu'on croit à la lumière », *in* Catherine Schmutz-Brun, *La Maladie de l'âge*, FAPSE, université de Genève, colloque de Fontevraud, 22 mai 2003.

L'annonce faite à Olga

Olga soupire : « Hier, à dix heures moins le quart, une seule phrase m'a mis la mort dans l'âme : "Ça sera difficile pour vous de marcher à nouveau." Avant l'accident de voiture, je tirais ma vie dans le gris des jours et des mornes études, réveillée de temps à autre par le plaisir d'une journée de ski ou d'une soirée techno. À dix heures moins le quart, la déchirure a été provoquée par une simple sentence. C'était dit. D'abord, je n'ai pas souffert, engourdie par l'hébétude. Le tourment est apparu plus tard, en même temps que la conscience de ne pas avoir assez vécu. "C'est trop bête, j'aurais dû prendre plus de bon temps, déguster chaque seconde de ma vie."

"Qu'attendez-vous de moi ?", a demandé le médecin.

"La vérité", j'ai répondu. Mais je mentais. Il y avait une chance infime que ce soit un mauvais rêve. Il ne fallait surtout pas la supprimer. La vérité que j'espérais correspondait à cette chance infime [2]. »

Une histoire sans paroles avait semé l'espoir dans le monde de Rouland, alors qu'une sentence avait fracturé celui d'Olga. Après une telle phrase, on ne revient plus comme avant. On peut renaître un peu, mais on vit autrement puisqu'on a la mort dans l'âme. On goûte les choses comme si c'était la première fois, mais c'est une autre fois. On retrouve le plaisir de la musique, mais

---

2. B. Hoerni, *L'Archipel du cancer*, Paris, Le Cherche-Midi, 1994, p. 54.

c'est un autre plaisir, plus affûté, plus intense et plus désespéré puisqu'on a failli le perdre.

Plaisir désespéré. Olga avait 18 ans à l'époque où elle était étudiante à Toulon. Pas une minute à perdre entre ses études, les sorties de ski à Praloup et les soirées de danse à Bandol. Sa course s'est cassée d'un seul coup contre un mur, une nuit, un virage raté. Quand on est paraplégique à 18 ans, on est morte, totalement d'abord, et puis la vie revient, en partie seulement, avec un goût étrange. La représentation du temps n'est plus la même. Avant, on laissait couler les jours, on en profitait, on s'ennuyait, on percevait un cours du temps qui se dirigeait lentement vers une mort lointaine, certaine et pourtant virtuelle. Depuis son accident qui lui avait mis la mort dans l'âme, Olga revenait à la vie avec le curieux sentiment d'exister entre deux morts. Une partie de sa vie s'était tuée en elle. Une autre attendait la deuxième mort qui viendrait plus tard. Ceux qui surmontent un traumatisme éprouvent souvent cette impression de sursis qui donne un goût de désespoir à la vie qu'on a perdue, mais affûte le plaisir de vivre ce qui reste encore possible. Olga ne pouvait plus skier ni danser, mais elle pouvait étudier, réfléchir, parler, sourire et pleurer beaucoup. Aujourd'hui, c'est une brillante généticienne, elle travaille, elle a des amis et fait encore du sport... en fauteuil. « La première fois où je vois un blessé de la moelle, je sais qu'il va s'en sortir si, dans son regard, passe un amour de la vie. Ceux qui donnent l'impression d'avoir été blessés la veille auront des escarres. Je l'affirme, l'escarre, c'est autre chose qu'un problème de peau. C'est une nécrose. C'est porter la mort en soi. Ceux qui acceptent en souffrant leur nouvel être s'en sortent mieux. Ils font du sport même s'ils n'étaient pas sportifs avant, ils créent des liens, ils travaillent plus [3]. »

Il y a quelques années, un blessé de la moelle était réparé tant bien que mal, et puis on le plaçait dans un établissement où, tristement, il vivait à peine. Aujourd'hui le regard social est en train de changer : que la blessure soit guérissable ou non, on demande à la personne d'utiliser ses compétences afin de réapprendre une autre manière de vivre. C'est le contexte affectif et social qui propose au blessé quelques tuteurs de résilience le long desquels il aura à se développer.

L'histoire d'Olga permet de situer l'idée de résilience. Il y a quelques décennies, ces blessés passaient pour des hommes inférieurs. En ne considérant que leurs blessures physiques, on les empêchait de reprendre toute vie psychique. Tous mouraient socialement. Il a fallu un long combat technique et culturel pour qu'un grand nombre d'entre eux parviennent à revivre, autrement.

Aimer quand même

Rouland avait éprouvé mon scénario poli comme une révélation : on pouvait donc ne pas mépriser sa mère. Pendant toute son enfance, il avait aimé une femme que tout le monde rabaissait. Quand sa mère l'avait sorti de la pen-

---

3. F. Chapuis, *in* J. Alessandri, « À propos de la résilience », mémoire pour le diplôme universitaire de victimologie, Paris, université René-Descartes, 1997, p. 25.

sion où il avait passé ses premières années, il avait été heureux de vivre chez cette dame vivante et chaleureuse. Il s'ennuyait beaucoup car elle dormait le jour et partait travailler le soir, une sorte de métier artistique, pensait l'enfant. Les chuchotements de ses copains d'école qui pouffaient de rire lui firent rapidement découvrir que ce métier entraînait d'autres engagements. Rouland devint triste, mais demeura loyal envers sa mère dont il défendait la réputation, parfois à coups de poing.

La déchirure traumatique était quotidienne, silencieuse et presque invisible : une grimace égrillarde sur le visage de ses camarades, un chuchotement qui soudain s'arrêtait quand Rouland s'approchait. Cet à peine dit, presque pas vu accablait le petit garçon emmuré vif dans un monde goguenard. La comédie que j'avais jouée auprès de sa mère n'était pour moi qu'un vague souvenir, alors que dans son esprit il s'agissait d'un repère splendide. J'avais tressé sans le savoir le premier nœud de sa résilience. À partir de ce jour, il avait repris espoir, rencontré doucement deux ou trois copains et invité à goûter les bagarreurs de l'équipe de rugby. Tout ce jeune monde s'était bien tenu et Rouland lentement apprenait à parler.

Quand il a rencontré sa femme, il était encore en cours de réparation et dut se faire violence pour la présenter à sa mère. La jeune femme fut polie et peut-être un peu plus. Rouland souhaitait que sa mère et son amie ne se voient pas souvent car il aimait chaque femme de manière différente. Après quelques années d'entraînement affectif, il fut surpris de constater qu'il n'était plus gêné quand elles se rencontraient.

Il n'avait osé tenter l'aventure du couple que parce qu'il avait repris espoir quelques années plus tôt, mais c'est le style affectif de sa femme qui l'avait exercé à sa nouvelle manière d'aimer. Il n'était plus emmuré avec cette mère qu'il aimait sans pouvoir le dire. Mon scénario cérémonieux avait déclenché l'espoir, mais c'est son premier amour qui lui avait donné confiance et avait métamorphosé sa souffrance muette.

L'hébétude avait protégé Olga de la souffrance après son accident. Elle disait que son corps lui paraissait étrange, qu'elle ne se rendait pas compte de ce qui était arrivé. On admirait son courage, alors qu'il s'agissait d'une anesthésie. La souffrance est arrivée en une seule phrase quand le médecin dut lui dire : « Ça sera difficile pour vous de marcher à nouveau. » Elle s'est vue alors incapable de se déplacer et cette image a chamboulé ses projets et même son passé : « J'aurais dû profiter plus... Comment faire à l'avenir ? » À l'époque encore récente où notre culture ne pensait pas le handicap en termes de résilience, Olga aurait été coupée en deux, avec une moitié morte et l'autre agonisante. Mais, depuis qu'on entoure mieux les blessés de la moelle, la partie morte reste soumise aux impératifs techniques et médicaux, tandis que la partie vivante n'est plus agonisante. Olga s'est remise à vivre, mais pas comme avant. Elle a dû accorder une valeur prioritaire à des compétences qui étaient secondaires avant son accident. Elle a surinvesti les activités intellectuelles et amélioré ses capacités relationnelles. Elle fait aujourd'hui partie de ces gens qui font l'éloge de la faiblesse [4] et sont devenus forts malgré leur handicap. Elle travaille dans un laboratoire et est enceinte depuis peu. Mais le mari qu'elle a rencontré a dû conjuguer sa

_____

4. A. Jollien, *Éloge de la faiblesse*, Paris, Cerf, 1999.

propre manière d'aimer avec cette femme particulière. Et quand l'enfant naîtra, il aura à s'attacher à des parents pas comme les autres dont il recevra un héritage original.

Le surinvestissement de capacités enfouies, la mise en cause du regard social et la conjugaison des styles affectifs constituent le thème de ce livre. Quand on arrive à l'âge du couple, on se présente comme on voudrait être mais on s'engage avec ce qu'on est, avec son style affectif et son histoire passée. Tout couple signe une entente particulière qui lui donne une sorte de personnalité, ce qui est étrange puisqu'il s'agit de l'union de deux individus différents. Dans ce champ affectif ainsi créé des enfants naîtront, et c'est là qu'ils auront à se développer.

Nous parlerons d'amour puisqu'il est difficile de faire un couple sans s'affecter mutuellement et sans que cela transmette une empreinte dans nos enfants. Et nous parlerons de gouffre, car ces gens qui s'aiment sont au bord d'un précipice et se débattent pour s'en éloigner.

L'escarre du corps sert de métaphore à l'escarre de l'âme des traumatisés psychiques : « Auschwitz, comme une escarre à l'origine de moi... » Le psychisme a agonisé sous l'effet du traumatisme. Le monde intime pulvérisé, hébété, n'a plus donné forme à ce que les déportés percevaient. Bousculés par des informations insensées, ils ont été incapables de penser, de se situer, de se mettre en relation avec les autres et leur passé. Mais le devenir de ces mutilés de l'existence a été soumis à une confluence de pressions qui a conjugué la gravité de la blessure, sa durée, l'identité que ces personnes avaient construite avant le fracas et le sens attribué à leur effondrement. Le devenir psychique des déportés a été influencé par leur histoire intime autant que par les discours que leur famille et leur société ont tenus sur leur condition : « C'est terrible, tu es fichu, tu ne pourras jamais t'en sortir... » Ou bien : « Tu l'as bien cherché, comment as-tu fait pour te mettre dans ce pétrin ? » Les victimes sont toujours un peu coupables, n'est-ce pas ?

Le retour à la vie se fait en secret, avec l'étrange plaisir que donne le sentiment de sursis. Le traumatisme a fait voler en éclats la personnalité antérieure et, quand personne ne rassemble les morceaux pour les contenir, le sujet reste mort ou revient mal à la vie. Mais, quand il est soutenu par le quotidien affectif de ses proches et quand le discours culturel donne sens à sa blessure, il parvient à reprendre un autre type de développement. « Tout traumatisé est contraint au changement [5] », sinon il reste mort.

Freud avait évoqué la possibilité de ce qu'on appelle aujourd'hui résilience : « Je pense que, considérant l'extraordinaire activité synthétique du Moi, on ne peut guère parler de trauma sans traiter en même temps de la cicatrisation réactionnelle [6]... »

Il faudra bien se demander pourquoi certaines personnes sont irritées par cette possibilité de revenir à la vie. Dès 1946, René Spitz avait étudié le délabrement provoqué par la carence affective, le marasme qui pouvait aller jusqu'à l'anaclitisme, cette perte de soutien affectif qui

---

5. P. Gutton, communication personnelle, Journées de psychanalyse autour de Jean Laplanche, « Le crime sexuel », Aix-en-Provence, 27 avril 2002.
6. S. Freud, *Correspondance*, « Lettre du 19 septembre 1930 », Paris, Gallimard, p. 436. P. Sabourin, *Ferenczi. Paladin et le grand vizir secret*, Paris, Éditions universitaires, 1985, p. 150-151.

mène l'enfant à abandonner la vie, à se laisser mourir parce qu'il n'a personne pour qui vivre. En 1958, ce psychanalyste avait étudié les reprises possibles de développement : « Dans la guérison de la dépression anaclitique... on observe le phénomène d'une "re-fusion" partielle des pulsions ; l'activité de ces enfants reprend rapidement, ils deviennent gais, enjoués, agressifs [7]. » Anna Freud, dans la Préface, écrit : « L'ouvrage du Dr Spitz justifiera les espoirs de ceux qui désirent se consacrer à une étude approfondie de ce problème [8]. » Elle fut vivement critiquée [9]. John Bowlby, président de la Société britannique de psychanalyse, qui travaillait lui aussi sur les carences en soins maternels, s'est inspiré de l'éthologie animale pour impulser les travaux sur l'attachement [10] où il défendait l'idée que le réel façonne le monde intime des enfants. Ce travail fut chicané par ceux qui pensaient que le traumatisme n'existait pas dans le réel, mais que l'enfant était traumatisé « par l'émergence d'une représentation inacceptable [11] », ce qui est vrai aussi. C'est pourquoi, à la fin de sa vie, John Bowlby a réconcilié tout ce petit monde en écrivant : « [...] la voie suivie par chaque individu au cours de son développement et son degré de résilience face aux événements stressants de la vie sont fortement déterminés par le schéma d'atta-

---

7. R. Spitz, *La Première Année de la vie de l'enfant*, Paris, PUF, 1963, p. 122.
8. A. Freud, *ibid.*, Préface.
9. J. Sandler, *L'Analyse des défenses. Entretiens avec Anna Freud*, Paris, PUF, 1989.
10. J. Bowlby, *Attachement et perte*, Paris, PUF, 3 tomes, 1978-1984.
11. P. Aulagnier, *L'Apprenti-historien et le maître-sorcier*, Paris, PUF, 1984.

chement qu'il avait développé au cours de ses premières années [12]. »

Les récits qui entourent l'homme meurtri peuvent réparer ou aggraver

Freud pensait que les germes de la souffrance manifestée dans l'âge adulte avaient été semés pendant son enfance. Aujourd'hui, il faut ajouter que la manière dont l'entourage familial et culturel parle de la blessure peut atténuer la souffrance ou l'aggraver, selon le récit dont il entoure l'homme meurtri.

Les enfants-soldats d'Amérique latine, d'Afrique ou du Proche-Orient sont presque tous traumatisés. Ceux qui parviennent à se remettre à vivre sont obligés de quitter leur village et parfois même leur pays pour « repartir à zéro » et ne pas subir l'étiquette infamante que l'alentour colle sur leur histoire. Beaucoup d'enfants-soldats ont peur de la paix puisqu'ils n'ont appris qu'à faire la guerre. Mais certains désirent échapper à ce destin et demandent à aller à l'école, loin des lieux où ils ont été soldats. Ceux-là peuvent changer, à condition que l'organisation sociale leur permette cette évolution. Quand on leur demande ce qu'ils seraient devenus s'ils n'avaient pas connu les déchirures de la guerre, ils répondent presque tous : « J'aurais fait comme papa », ce qui est bien normal

12. J. Bowlby, communication au 139ᵉ congrès de l'Association psychiatrique américaine, Washington, 10-16 mai 1986, traduit dans : « L'avènement de la psychiatrie développementale a sonné », *Devenir*, numéro spécial John Bowlby, *L'Attachement*, vol. 4, n° 4, 1992, p. 21.

puisqu'en temps de paix, c'est l'adulte, figure d'attachement, qui sert de modèle identificatoire. Puisqu'ils étaient acteurs d'une guerre, ceux qui parmi ces enfants ont appris à érotiser la violence sont devenus mercenaires. Dans toute guerre moderne, 10 à 15 % des guerriers découvrent les délices que peut donner l'horreur. Les femmes qui s'engagent de plus en plus dans les actions militaires comme en Colombie, au Moyen-Orient ou au Sri Lanka éprouvent elles aussi ce terrifiant plaisir. Le chiffre des traumatisés varie selon les conditions de la guerre même si on l'évalue en moyenne à 30 % dans la première année. Quant à la majorité de ceux qui ne sont ni excités ni délabrés par la bagarre, ils en sortent souvent abattus et désespérés.

Beaucoup d'enfants-soldats rêvent de devenir médecins « pour sauver » ou écrivains « pour témoigner ». Mais le contexte social ne rend pas toujours possible ce long cheminement. Ceux qui parviendront à fonder une famille, à devenir médecins ou journalistes n'oublieront jamais le traumatisme. Au contraire même, ils en feront l'organisateur de leur vocation. Ils ne connaîtront pas le bonheur serein que leur aurait donné une vraie famille dans une culture en paix, ils auront une escarre au fond d'eux-mêmes, mais ils seront parvenus à rejoindre le monde des vivants, en arrachant quelques moments de bonheur et en donnant sens à leur fracas pour le rendre supportable.

Le plus sûr moyen de torturer un homme, c'est de le désespérer en lui disant : « Ici, pas de pourquoi [13]. » Cette

---

13. P. Levi, « Hier ist kein warum », *Si c'est un homme*, Paris, Robert Laffont, 1996.

phrase le fait tomber dans le monde des choses, le soumet aux choses et fait de lui-même une chose. Un travail de mise en sens est indispensable pour tendre la main à un agonisant psychique et l'aider à reprendre une place dans le monde des humains. Ici, il y a des pourquoi : « La capacité à traduire en mots, en représentations verbales partageables, les images et les émois ressentis pour leur donner un sens communicable [14] » leur redonne une humanité. L'amour des pourquoi est un précieux facteur de résilience, il permet de retricoter les premières mailles du lien déchiré.

Germaine Tillion, ethnologue, spécialiste du Maghreb, est déportée à Ravensbrück en 1943 parce qu'elle est résistante. À peine arrivée, elle utilise la capacité à observer qu'elle avait affûtée au contact des Berbères de l'Aurès. Elle cherche à comprendre comment fonctionne le camp et le soir, au baraquement, elle fait des exposés où elle explique comment les gardes veulent les exploiter jusqu'à ce que mort s'ensuive.

Geneviève de Gaulle-Anthonioz dit : « En t'écoutant, nous n'étions plus des "Stück" (des morceaux), mais des personnes, nous pouvions lutter, puisque nous pouvions comprendre [15]. »

À quoi Germaine Tillion répond : « [...] la capacité de déchiffrer les phénomènes qui nous entouraient nous protégeait moralement, atténuait nos peurs [...] dès mon

---

14. C. de Tichey, *in* M. Anaut, « Trauma, vulnérabilité et résilience en protection de l'enfance », *Connexions*, n° 77, 2002, p. 106.
15. G. de Gaulle-Anthonioz, préface à G. Tillion, *La Traversée du canal*, entretiens avec Jean Lacouture, Paris, Arléa, 2000.

retour, je me suis consacrée à la recherche sur la déportation [16]... »

Pour ne pas se laisser assassiner, il faut chercher dans
les significations cachées, les structures invisibles qui permettent le fonctionnement de ce système absurde et cruel.
Le fait d'être fasciné par les tortionnaires entraîne parfois
une identification à l'agresseur, mais la plupart du temps
l'attention que la victime leur porte enregistre des souvenirs qui, plus tard, permettront la métamorphose. Ils
offrent un espace de liberté intime : « Ça, ils ne peuvent pas
me le prendre, m'empêcher de le comprendre et de m'en
servir à la première occasion. » Cette construction du sens
permet de développer un sentiment d'appartenance et de
protéger les identités en les contenant à l'intérieur d'un
groupe qui emploie les mêmes mots, les mêmes images et
respecte les rites qui tissent la solidarité. À peine libérées,
ces deux femmes se sont engagées dans la lutte contre la
torture en Algérie et contre la faim dans le monde.

« Nous savons aujourd'hui que les traumatisés [...]
trouvent un bénéfice certain à un travail de reliaison [...]
une mise en sens dans l'après-coup [17]... », mais la manière
dont ils jugent les événements se réfère à l'escarre qui
reste plantée dans leur histoire.

Il n'y a pas d'activité plus intime que le travail du sens.
Ce qui a été imprégné par le trauma réel alimente toujours
des représentations de souvenirs qui constituent notre
identité intime. Ce sens persiste en nous et thématise notre
vie.

---

16. « À bâtons rompus avec Germaine Tillion », *Le Patriote
résistant*, n° 21, 726, avril 2000.
17. J. Guillaumin, *Entre blessure et cicatrice*, Seyssel, Champ
Vallon, 1987, p. 196-198.

II

LA RÉSILIENCE, COMME UN ANTI-DESTIN

« C'est étrange comme les choses prennent du sens lorsqu'elles finissent... c'est là que l'histoire commence [1]. »

On parle, on parle, et les mots se succèdent, mais ce n'est que lorsque la musique de la voix prépare au point final que l'on comprend enfin vers quoi ils nous entraînaient. On vit, on vit, et les faits s'accumulent, mais ce n'est que lorsque le temps nous permet de nous retourner sur nous-même que l'on saisit enfin vers quoi notre existence tendait. « L'émergence du sens n'est possible que parce qu'en se succédant les mots meurent les uns aux autres [2]. » Quand l'enfance s'éteint, on en fait un récit et quand la vie se meurt, on découvre pourquoi il a fallu la vivre.

C'est le temps qui nous fait naître au sens. Je devrais dire : c'est la représentation du temps, la manière dont je rappelle mon passé pour agencer mes souvenirs et me

---

1. J.-L. Godard, *Éloge de l'amour*, Film Réminiscence, 2001.
2. G. Haldas, *Mémoire et résurrection* (citation en substance), Lausanne, L'Âge d'Homme, 1991, p. 167-168.

délecter de mes rêveries qui imprègnent de sens ce que je perçois. Le récit que je me fais de ce qui m'est arrivé et le tableau que je compose du bonheur espéré introduisent en moi un monde qui n'est pas là, qui n'est pas présent et que pourtant j'éprouve intensément.

L'omelette humiliante

Une omelette humiliante et une inquiétante tasse de thé m'ont permis de comprendre que le sens de notre existence est issu d'événements qui ne sont plus dans le contexte.

Thérèse pensait qu'elle menait une vie un peu trop sage, elle n'osait pas se dire qu'elle était souvent morne. Le principal événement de sa journée consistait à faire les courses au supermarché, chaque matin vers onze heures. Ce jour-là, comme cela arrive souvent, son chariot heurte celui d'un jeune homme qui, aussitôt, transforme l'incident en un gentil commentaire qui la fait sourire. Un peu plus tard, il l'aide à charger sa voiture. Un peu plus tard, il lui fait un signe de la main en sortant du parking. Un peu plus tard, il se gare dans la même rue quand elle arrive devant chez elle. Un peu plus tard, elle est stupéfaite de se retrouver dans son lit avec un homme charmant qu'elle ne connaissait pas deux heures plus tôt [3].

Après l'affaire, Thérèse n'en revient pas de ce qui s'est passé. Elle lui dit : « Il est midi, si tu veux, je vais faire une omelette. » Il répond que c'est une bonne idée et que pen-

___
3. Exemple déjà cité dans B. Cyrulnik, *Sous le signe du lien*, Paris, Hachette, 1989, p. 225-226.

dant ce temps, il ira vérifier un bruit anormal dans sa voiture. Au grondement du moteur, elle éprouve un sentiment bizarre, se met à la fenêtre et voit le véhicule tourner à toute allure au fond de la rue et disparaître. Elle ressent ce départ comme un coup de poing et fond en larmes, humiliée.

Supposons que l'amant fugace ait partagé l'omelette de Thérèse. L'aventure sexuelle aurait pris une signification totalement différente : « Une jolie déraison, invraisemblable, qu'est-ce qui m'a pris, n'y pensons plus, ou plutôt si, pensons-y comme à un bel événement dans un ciel morne. »

C'est la fuite qui avait donné sens à la rencontre qui s'était déroulée quelques minutes avant. Thérèse rageait en tenant son assiette à la main. Elle n'a pas mangé l'omelette qui signifiait « humiliation », alors que la même chose aurait pu signifier « jolie folie » si l'amant l'avait partagée. Le déroulement des actes avait transformé la chose en signe.

Thérèse, choquée, revoyait certaines scènes et se rappelait quelques phrases. Elle éprouvait, tout en maugréant, le curieux plaisir que donne la satisfaction d'un besoin. Elle rectifiait des scènes, imaginait des mots : « J'aurais dû lui dire... me rendre compte... l'envoyer promener. » En même temps qu'elle reconstruisait son passé, elle intégrait son aventure dans l'histoire de sa vie et cherchait à découvrir quelques analogies, répétitions, ou régularités qui lui auraient permis de comprendre comment elle gouvernait son existence : « Je me fais toujours avoir par les hommes... c'était pareil avec mon premier flirt. » Ayant découvert une orientation dans son histoire, elle se

construisait une règle qui la sécurisait pour son avenir :
« Il faut que ça change, il faut que je me méfie de moi-
même puisque je ne me méfie pas assez des hommes. » En
cherchant dans son histoire quelques répétitions douloureuses, Thérèse présentait à nouveau dans sa conscience
(elle re-présentait) un scénario inscrit dans sa mémoire et
le remaniait. En fait, en souffrant, elle ne ruminait pas,
elle travaillait au contraire à mettre au point une autre
direction pour son avenir. Ce triste travail de remémora-
tion la sécurisait en l'aidant à découvrir une règle qui lui
permettrait à l'avenir de maîtriser son existence. L'omelette signifiante, intégrée dans un récit de soi, venait de lui
permettre de découvrir une orientation de son existence.

La tendance à se faire le récit de ce qui nous est arrivé
constitue un facteur de résilience à condition de donner
sens à ce qui s'est passé et d'en faire un remaniement
affectif.

Thérèse, bien sûr, ne répondait pas aux œufs, elle
répondait au sens que le déroulement des actes avait attribué à l'omelette. Thérèse n'était pas humiliée par l'omelette, elle était mortifiée par le sens que le scénario du
contexte et de sa propre histoire lui avait fait donner à
l'omelette.

Un être humain ne pourrait pas vivre dans un monde
sans mémoire et sans rêves. Prisonnier du présent, il ne
pourrait pas donner sens. Le mystère de la tasse de thé
peut illustrer cette idée. Vous jardinez tranquillement
quand, pour vous rafraîchir, vous entrez dans le salon de
votre maison. Vous êtes surpris de voir vos enfants horri-
fiés devant la télévision. Sur l'écran, un homme s'apprête
à boire une tasse de thé. Vous vous demandez où est l'hor-

reur, et vous ne pouvez pas comprendre puisque vous étiez dans le jardin au moment où, dans le film, la femme du héros a mis du cyanure dans le thé[4]. Vos enfants, eux, ont gardé cette scène en mémoire, ce qui leur permet de prévoir que ce monsieur va mourir. Ils éprouvent la délicieuse horreur d'un film policier alors que vous n'y voyez qu'une banalité dépourvue de sens. Ils sont en train de vivre un événement terrifiant alors que, pour vous, il ne se passe rien. Leur mémoire donne sens à la tasse de thé. Ils savent que cet objet représente beaucoup plus qu'une simple tasse car il porte la mort. Le présent qu'ils perçoivent est imprégné par leur passé, ce qui provoque une délicieuse angoisse de l'avenir.

Même les mots publics ont un sens privé

Cette aptitude à attribuer aux choses le sens qui a été marqué en nous au cours de notre développement se repère aisément dans la narration. Pour faire un récit de soi qui exprime notre identité personnelle, il faut maîtriser le temps, rappeler quelques images passées qui nous ont impressionnés et en faire un récit. Or tous les mots que nous échangeons dans notre vie quotidienne ont été eux aussi pénétrés par le sens acquis au cours de notre passé.

Maria Nowak, après une enfance hallucinante dans la Pologne des années 1940, a développé la mémoire particulière des traumatisés : un mélange de souvenirs précis,

---

4. D. L. Schacter, *À la recherche de la mémoire*, Bruxelles, De Boeck Université, 1999.

entourés de flous. La petite fille assiste à l'incendie crimi-
nel de sa maison, subit les bombardements, souffre de la
disparition de son père, de l'arrestation de sa sœur, de la
peur incessante d'être à son tour emprisonnée, assiste au
retour à l'étable du cheval qui porte le corps de son ami au
front troué par une balle, s'attendrit devant la beauté des
cadavres délicatement recouverts par un drap de neige,
jusqu'au moment où, affamée et abandonnée, elle est
confiée à des orphelinats et à des familles d'accueil. La
protection matérielle y est assurée mais elle n'y rencontre
personne avec qui nourrir un peu d'affectivité. À la « libération » par les Russes, sa mère la retrouve et lui demande
comment se sont passées ces deux années de séparation.
La fillette répond : « Rien de spécial. Et c'était vrai. J'avais
traversé un désert de temps, de vie et de tendresse. J'en
sortais épuisée, voilà tout [5]. » Dans ces orphelinats, Maria
avait été mieux protégée que si elle était restée seule dans
la rue. Mais, dans son réel intime, le désert affectif n'avait
provoqué aucun remous émotionnel qui l'aurait rendue
sensible et aurait constitué une image, un repère tempo-
rel, un jalon, pour construire son récit d'elle-même : « ...
désert de temps... et de tendresse... » Aucune image à
mettre en mémoire.

Le fait que de telles circonstances empêchent la
mémoire des images et des mots ne signifie absolument
pas qu'il n'y a pas de mémoire. Mais c'est une mémoire
sans souvenirs, une sensibilisation préférentielle à un type
d'événements auxquels désormais la petite fille attribuera
un sens singulier. Plus tard, quand elle devient étudiante à

---

5. M. Nowak, *La Banquière de l'espoir*, Paris, Albin Michel, 1994,
p. 108.

Paris, un sympathique jeune homme invite Maria à dîner. Avant d'entrer dans le restaurant, il demande : « Tu as faim ? » Elle répond : « Non, non, ça va maintenant, je mange tous les jours [6]. » Les mots qui, par convention, doivent être identiques pour tous ceux qui parlent la même langue, se chargent d'un sens particulier venu de l'histoire privée de chaque locuteur.

Pour se faire une représentation du temps passé et à venir, il faut que des relations affectives mettent en lumière certains objets, gestes et mots qui feront un événement. Ainsi s'installe en nous un appareil à donner sens au monde que nous percevons.

C'est pourquoi il faut attendre la fin de la phrase et espérer jusqu'à la fin de la vie pour que le sens apparaisse. Tant que le point final de la phrase ou de la vie n'est pas posé, le sens est en constant remaniement possible.

Avoir une cathédrale dans la tête

L'aube du sens naît en même temps que la vie, animale ou humaine, mais se construit différemment selon l'espèce, le développement et l'histoire de l'individu.

Pour un animal, son réel est compréhensible. Il y répond par des comportements adaptés. Il perçoit des objets animaux que son système nerveux va extraire de l'environnement. Les processus de mémoire biologique apparaissent tôt dans le monde vivant, même chez des organismes très simples. Dès qu'il y a croisements de quelques dizaines de milliers de neurones qui, comme

6. *Ibid.*, p. 126.

chez l'araignée, constituent un petit ganglion « cérébral », l'être vivant devient capable de mémoire. Il peut donc apprendre à résoudre les problèmes variés posés par des milieux écologiques changeants et connaître des développements différents. Dès l'instant où son système nerveux peut faire revenir une information perçue dans le passé et y répondre, on peut parler de représentations sensorielles. Cette mémoire attribue à l'objet perçu une émotion qui provoque l'attirance ou la fuite selon l'apprentissage d'informations passées [7].

Chez le nourrisson aussi le réel est compréhensible. Lors des dernières semaines de la grossesse, le fœtus répond à des informations sensorielles élémentaires auxquelles il se familiarise (bruits, chocs mécaniques, goût du liquide amniotique, émotions maternelles). Ce qui explique que, dès sa naissance, son monde est structuré par des objets saillants qu'il perçoit mieux que d'autres.

Mais tout être vivant possède un petit degré de liberté biologique puisqu'il peut fuir ou se soumettre, agresser ou amadouer. Ce n'est que lorsqu'apparaissent les représentations d'images ou de mots que le sujet devient capable de retravailler le sens imprégné dans sa mémoire. L'évolution lui a donné une capacité de résilience naturelle.

La naissance de la parole provoque la défaite des choses. D'abord victorieuses, elles s'imposent dans notre mémoire, mais, dès que nous devenons capables de fabriquer du symbole, de poser là un objet qui représente un autre, notre monde intime peut mettre des pensées à la place des choses.

_____

7. J. Gervet, M. Pratte, *Éléments d'éthologie cognitive*, Paris, Hermès Sciences Publications, 1999, p. 47-61.

Afin d'illustrer à quel point nous habitons ce nouveau monde, j'ai souvent attribué à Charles Péguy la fable suivante [8]. En se rendant à Chartres, Péguy voit sur le bord de la route un homme qui casse des cailloux à grands coups de maillet. Son visage exprime le malheur et ses gestes la rage. Péguy s'arrête et demande : « Monsieur, que faites-vous ? » « Vous voyez bien, lui répond l'homme, je n'ai trouvé que ce métier stupide et douloureux. » Un peu plus loin, Péguy aperçoit un autre homme qui, lui aussi, casse des cailloux, mais son visage est calme et ses gestes harmonieux. « Que faites-vous, monsieur ? », lui demande Péguy. « Eh bien, je gagne ma vie grâce à ce métier fatigant, mais qui a l'avantage d'être en plein air », lui répond-il. Plus loin, un troisième casseur de cailloux irradie de bonheur. Il sourit en abattant la masse et regarde avec plaisir les éclats de pierre. « Que faites-vous ? », lui demande Péguy. « Moi, répond cet homme, je bâtis une cathédrale ! »

Le caillou dépourvu de sens soumet le malheureux au réel, à l'immédiat qui ne donne rien d'autre à comprendre que le poids du maillet et la souffrance du coup. Alors que celui qui a une cathédrale dans la tête transfigure le caillou, il éprouve un sentiment d'élévation et de beauté que provoque l'image de la cathédrale dont il est déjà fier. Mais un mystère se cache dans le monde intime des casseurs de pierres : pourquoi certains ont-ils une cathédrale dans la tête là où d'autres ne voient que des cailloux ?

---

8. Il semble qu'il s'agisse d'un faux souvenir puisque les associations Charles-Péguy n'ont pas retrouvé cette citation. Peut-être s'agit-il d'une interprétation personnelle de l'idée de William James : « La vie mentale est avant tout une finalité », *in* W. James (1908), *Précis de psychologie*, Paris, Marcel Rivière, 1932.

Sans mémoire et sans espoir nous habiterions un monde sans raison. Alors, pour supporter la prison du présent, nous le remplirions de jouissances immédiates. Cette adaptation comportementale nous donnerait des plaisirs faciles, mais les divertissements instantanés mènent à l'acrimonie parce qu'il est impossible de jouir sans arrêt. Toute saveur qui se prolonge provoque l'indifférence, puis le dégoût et même la souffrance. N'attendre de la vie que des jouissances immédiates conduit à l'amertume et à l'agressivité pour la moindre frustration[9]. Une vie consacrée au plaisir nous fait tomber dans le désespoir aussi sûrement qu'une vie sans plaisir.

Le sens n'a pas le temps de naître dans l'âme d'un bonhomme-instant

« Le sens des choses n'est pas dans la réalité objective, il est dans l'histoire et dans le but poursuivi[10]. » Or nos victoires techniques viennent d'inventer le « bonhomme-instant[11] ». L'homme fulgurant qui aime l'urgence parce qu'elle le pousse à l'acte en lui évitant de penser devient un forçat du présent dont le rapport au temps organise un style de vie : « Nous avons les moyens de jouir sans entrave. Amis épicuriens, groupons-nous pour lutter

---

9. P. Karli, *Le Cerveau et la liberté*, Paris, Odile Jacob, 1995, p. 303-306.
10. A. Adler, *Un idéal pour la vie*, traduction française par Roger Viguier, Paris, L'Harmattan, 2001, p. 45.
11. Z. Laïdi, *Le Sacre du présent*, Paris, Flammarion, 2000 *in* N. Aubert, « Le temps des urgences », *Cultures en mouvement*, août, 2003, n° 59.

contre les rabat-joie qui veulent nous en empêcher. » Une telle solidarité procure le bonheur de la vertu indignée : « Nous ne faisons pas de mal. Nous voulons simplement jouir de la vie. » Mais, comme ce réflexe ne donne pas au temps la durée qui permet la naissance du sens, ces groupes centrés sur la jouissance se désolidarisent très tôt et ne transmettent rien à leurs amis ni à leurs enfants. Alors que les quatre cents ans nécessaires pour bâtir une cathédrale nous rendent heureux même quand elle n'est pas là. Le sens donne un bonheur durable et transmissible alors que le plaisir solitaire dure le temps d'un éclair. Mais, quand le plaisir s'accouple avec le sens, la vie vaut la peine de casser des cailloux.

Le sens se construit en nous avec ce qui est avant nous et après nous, avec l'histoire et la rêverie, l'origine et la descendance. Mais, si notre culture ou les circonstances ne disposent pas autour de nous quelques liens affectifs pour nous émouvoir et constituer des souvenirs, alors la privation d'affects et la perte de sens feront de nous des bonhommes-instants. Nous saurons jouir vite mais, en cas de malheur, nous serons privés des principaux facteurs de résilience.

Ce qui revient à dire que certaines familles, certains groupes humains et certaines cultures facilitent la résilience, alors que d'autres l'empêchent. Il se trouve que les travaux récents de l'OMS [12] confirment cette idée en établissant une relation entre l'amélioration objective des conditions d'existence et la désolidarisation des familles et des groupes : « Plus une société obtient un haut niveau

_____

12. OMS : Organisation mondiale de la santé.

d'organisation, plus les individus se désolidarisent[13]. »
Plus les conditions d'existence s'améliorent, moins chaque
homme a besoin des autres. Au contraire même, il est
entravé dans sa course à l'amélioration de soi quand il
s'occupe des autres, alors que, dans une société où l'on ne
peut vivre seul, s'occuper des autres, c'est se protéger.

Il n'est pas question de renoncer aux progrès qui, en
cinquante ans, ont métamorphosé la condition humaine,
mais il faut se rendre compte qu'il n'y a pas de progrès
sans effets secondaires. L'amélioration des performances
individuelles entraîne la dilution des liens et augmente la
vulnérabilité aux traumatismes. Tout va bien tant qu'on
est dans la course, mais, en cas de malheur, sans affect et
sans sens, la vie devient trop dure et les déchirures
traumatiques sont difficiles à recoudre.

Dès la fin de la Seconde Guerre mondiale, au tout
début de l'explosion technologique, ce phénomène avait
été mis en lumière en enquêtant sur les projets d'existence
des jeunes : 40 % des jeunes Autrichiens d'un pays vaincu
se laissaient flotter sans but, alors que 80 % des jeunes
Américains d'un pays vainqueur estimaient que la vie
n'avait pas de sens[14]. Alors, on a parlé de vide existentiel
que ces jeunes remplissaient par la quête de plaisirs
immédiats ou par la découverte d'ersatz de sens en
entrant dans des sectes ou dans des communautés
extrêmes.

---

13. N. Sartorius, congrès international IFOTES, Ljubljana,
Slovénie, juillet 2003, p. 7-8 ; et N. Sartorius, *Fighting for Mental
Health*, Cambridge, Cambridge University Press, 2002.
14. V. E. Frankl, *Découvrir un sens à sa vie*, Montréal, Les Éditions de l'Homme, 1993, p. 161.

Le partage d'un projet est nécessaire à la constitution d'un sens. Mais pour provoquer une représentation qui donnera un sentiment de bonheur, il faut que ce projet soit durable et diversifié. Quand une culture n'a pour projet que le bien-être immédiat, le sens n'a pas le temps de naître dans l'âme des sujets qui habitent cette société. À l'inverse, quand une culture ne propose pour avenir qu'une société parfaite qui existera dans un autre temps et dans un autre lieu, toujours ailleurs, elle sacrifie le plaisir de vivre pour n'envisager que l'extase à venir. L'utopie tue le réel pour valoriser le bonheur d'un lendemain qui chante, toujours demain.

Histoire d'un vase plein de sens

Puisqu'on est tous capables de représentation, on ne peut pas s'empêcher d'attribuer un sens aux événements qui jalonnent notre histoire et participent à notre identité. On peut donner sens à une épreuve : « Avec le recul du temps, je suis fier de ne pas m'être laissé abattre. » On peut aussi transfigurer un échec : « Ma mère était femme de ménage et me disait toujours : "Tu seras chirurgien, malgré toi, pour faire ma fierté..." Je passai les examens dans une grande angoisse et, quand j'ai été collé, j'ai découvert qu'elle n'en était pas morte. Mes angoisses ont disparu et je me suis alors autorisé à faire ce qui me plaisait. » On peut même modifier le sens d'un objet dont la circulation « raconte » quelque chose de notre histoire intime.

On ne peut pas dire que Sabine se plaisait dans cette famille d'accueil. Elle ne s'y déplaisait pas non plus, comme une étrangère qui aurait habité dans un hôtel médiocre avec des gens dont elle comprenait mal la langue. Elle attendait des jours meilleurs et, pour se payer sa future autonomie, elle était anormalement sage. Un jour, pour l'anniversaire de sa gardienne, elle avait offert un lourd et coûteux vase dans lequel elle avait simplement disposé quelques lilas d'Espagne cueillis sur le chantier voisin. La gardienne, vexée par la modestie des fleurs, s'était indignée : « Après tout ce que j'ai fait pour toi ! » Elle avait jeté les fleurs et gardé le vase. Sabine avait pensé : « Même le langage des fleurs provoque un contresens entre nous. »

Quelques années plus tard, devenue policière, elle était en train d'expliquer à un stagiaire que l'arme du crime peut être un objet banal, quand elle fut appelée à l'hôpital pour « quelqu'un de sa famille ». Le stagiaire l'accompagna en voiture. En effet, le mari de son ancienne gardienne venait d'être opéré d'un hématome sous-dural, une poche de sang dans les méninges, entre le crâne et le cerveau, qui survient parfois après un trauma crânien. Au moment où Sabine sortait de la salle de soins, son ancienne gardienne s'approcha, lui tendit un sac et dit : « À cause de toi, mon mari a failli mourir. » Sabine ouvrit le sac et vit... le vase ! La gardienne ajouta : « On se dispute toujours... Ton vase, je lui ai lancé à la tête. » Le stagiaire baissa le nez. Sabine prit le vase, le cassa, s'approcha d'un égout et l'y jeta. Le stagiaire sourit.

Les objets prennent sens à cause de notre mémoire qui lie les faits entre eux et leur donne cohérence. Dans un monde sans sens, nous ne pourrions percevoir que des éclats de réel, nous ne pourrions répondre qu'à des stimulations présentes : ça marche ou ça ne marche pas, ça attire ou ça repousse, ça plaît ou ça déplaît. Fragmenté, sans âme, sans fil pour coudre les éclats de réel, le monde serait perçu sous forme morcelée. Mais, puisque nous appartenons à une espèce capable d'éprouver une information hors contexte, passée ou à venir, à laquelle pourtant nous répondons par des émotions, des conduites et des discours, nous nous libérons de la tyrannie des choses pour nous soumettre aux représentations que nous inventons.

Sabine, quand elle était enfant, avait acheté avec toutes ses économies ce vase coûteux pour signifier qu'elle était gentille et s'appliquerait à être légère dans cette famille d'accueil. La gardienne, comme toujours, faisait des contresens avec le sens des choses. Après avoir été vexée par les fleurettes, elle pensait que le vase était l'arme du crime donnée par Sabine, intentionnellement peut-être. En cassant le vase et en le jetant dans un égout Sabine s'est sentie triste et soulagée. Mais ce n'est que lorsque le cheminement des faits a trouvé son terme que le sens de l'objet est apparu : « À cause de ton vase (à cause de toi) j'ai failli tuer mon mari. »

Cet exemple permet de comprendre que, lors d'un traumatisme, le sujet est tellement bouleversé et submergé par les informations qu'il ne peut pas répondre à un monde confus. Une violence insensée lui a fait côtoyer la mort, la conséquence est immense pour une cause minuscule, le monde perd sa clarté, comment s'y comporter ?

Le récit, comme un antibrouillard

Tant que le trauma n'a pas de sens, on reste sidéré, hébété, stupide, embrouillé par un tourbillon d'informations contraires qui nous rendent incapable de décider. Mais, puisque l'on est obligé de donner un sens aux faits et aux objets qui nous « parlent », nous avons un moyen d'éclairer le brouillard provoqué par un traumatisme : le récit.

Dans ce cas, la narration devient un travail de sens. Mais toute histoire n'est pas socialisable, il faut l'adapter à l'autre qui a du mal à l'entendre. La métamorphose de l'événement en récit se fait par une double opération : placer les événements hors de soi et les situer dans le temps. L'auditeur doit être là, et se taire. Parfois ce témoin existe simplement dans l'imagination du blessé qui, dans son récit intime, s'adresse à un auditeur virtuel. Pour les blessés de l'âme, la narration est un acte qui donne le sentiment que « les événements semblent se raconter eux-mêmes [15] ». Les souvenirs d'images défilent, entourés de mots qui les commentent, les précisent, hésitent, recommencent la scène avec de nouvelles expressions. Lentement, par ce travail, le récit extrait l'événement hors de soi. Cette exposition met dans le passé un événement marquant qui nous a pénétrés : « C'est à ce prix que le passé, l'absent, le mort peuvent faire retour dans le monde présent des vivants, sur la scène du texte et de l'image, sur

---

15. L. Marin, *De la représentation*, Paris, Seuil, 1994, p. 169.

la scène de la représentation et comme re-présenta-
tion [16]. »

Or cette capacité de construire un discours qui donne
accès à la maîtrise intime se met en place seulement entre
7 et 10 ans. Avant, on est soumis au contexte, comme les
enfants qui éclatent de rire alors qu'ils ont encore les yeux
pleins de larmes ou qui sont désespérés après une petite
déception mais ressentent un grand bonheur en voyant un
papillon qui volette. Les petits ont du mal à répondre à la
question : « Qu'as-tu fait aujourd'hui ? », parce qu'elle
nécessite une représentation du temps. Les enfants disent
d'abord les événements extérieurs avant de se construire
un monde intérieur.

Vers 7 à 10 ans, le discours sur soi est une suite
d'énoncés qui tentent de répondre à la question : « Qui
suis-je pour les autres ? » Très tôt, le discours est sexualisé : « Je suis une fille. Je m'appelle Sylvie. J'ai les cheveux
blonds et courts [17]. » Les filles emploient souvent le verbe
« aimer » : « J'aime Madeleine, j'aime ma robe, j'aime la
couleur de mes yeux. » Les garçons préfèrent « être » et
« avoir » : « Je suis grand, je suis bon au football, j'ai un
beau vélo. »

Plus on est jeune, plus le discours est affirmatif. Ce
n'est qu'avec le recul du temps que les nuances apparaissent, et le doute aussi. Les filles attachent de plus en
plus d'importance au regard des autres, alors que les garçons parlent de plus en plus des repères hiérarchiques.
Ces enquêtes mettent en lumière la sexualisation précoce

16. *Ibid.*
17. J.-L. Viaux, « Comment parler de soi », *in* R. Perron (dir.),
Les Représentations de soi, Toulouse, Privat, 1991, p. 49-53.

des discours mais n'expliquent pas l'origine de cette différence.

Le remaniement spontané de la représentation de soi selon l'âge, le sexe, l'entourage affectif et culturel témoigne de l'évolution de l'image de soi et explique pourquoi une résilience est longtemps possible puisque l'idée que l'on se fait de soi est modifiable sous l'effet de l'ensemble des récits. Plus élaborés, moins stéréotypés que les discours, les récits nécessitent une réorganisation des faits de mémoire, dans l'intention de construire une représentation de soi adressée à nos proches, à la culture, à un tiers réel ou imaginaire.

Quand le sujet ne peut pas faire ce travail parce qu'il est trop jeune, parce que l'entourage le fait taire ou parce que son cerveau abîmé par un accident ou une maladie ne lui permet plus la représentation du temps, alors la résilience devient difficile. Mais, tant qu'on peut modifier l'image que l'on se fait de soi, tant qu'un engagement dans la réalité psychique et sociale nous permet d'y travailler, la résilience est possible puisqu'il s'agit, très simplement, de la reprise d'un type de développement après une agonie psychique.

La force du destin

Le sens naît du recul du temps qui permet le regard sur soi et son passé. Cette contrainte explique que certaines personnes surestiment la résilience qui leur propose un chantier d'espoir, alors que d'autres se soumettent au malheur comme à un destin. Dans cette conception, le destin est forcément vainqueur puisqu'il est tautologique : « Il est mort parce qu'il devait mourir. » Cet argument est imparable puisqu'il présente comme ayant un sens, un résultat contenu dans la prédiction [18]. Cette inévitable vérité encourage les tautologues à enchaîner leurs pensées : « Donc, il a fait médecine parce que, avec les parents qu'il avait, il ne pouvait pas faire autre chose... » « Il a épousé une femme rigide parce que, vous pensez bien, avec l'enfance instable qu'il a eue... » Au Moyen Âge, on expliquait qu'un corps tombait parce qu'il possédait une vertu tombante. Aujourd'hui, on déclare qu'il a tué sa femme parce qu'il avait une pulsion morti-fère. Cette illusion rétrospective donne un grand senti-ment de cohérence aux amoureux du destin. Le sens, donné comme un slogan, possède un effet tranquillisant et déculpabilisant : « Je ne pouvais pas faire autrement, une force tapie au fond de moi me forçait... C'était écrit... Ce n'est pas ma faute. » Les adorateurs du destin célèbrent la soumission aux forces obscures qui nous gouvernent. Pour eux, la conséquence éclaire la prédiction : « Je l'avais bien dit que son trauma qu'il croyait cicatrisé se réveille-rait un jour. » Une fatalité nous conduirait de façon irré-vocable comme une force diabolique lovée au fond de nous, un énorme parasite psychique difficile à observer et qui nous dirigerait à notre insu.

Les cultures de la certitude attribuent souvent un sens de pacotille à la survenue des événements : « Les Juifs morts à Auschwitz avaient commis de bien grands crimes pour être si cruellement punis par Dieu », a dit récem-

---

18. P. de Roo, *Mécaniques du destin*, Paris, Calmann-Lévy, 2001, p. 19.

ment un rabbin à Jérusalem. Les télévangélistes américains ont expliqué les attentats du 11 septembre 2001 par « les péchés et la luxure des New-Yorkais ». Les conséquences énormes ne peuvent s'expliquer que par des causes énormes. Un tel goût pour la croyance extrême fait accepter tout dogme qui impose le vrai. Persécutés et persécuteurs, victimes et bourreaux, nous serions tous gouvernés par une force inexorable qui explique la tragédie.

Cette soumission au destin est sécurisante pour ceux qui ne sont pas traumatisés. Elle évite les angoisses de l'incertitude et déculpabilise les criminels de guerre qui disent calmement : « Je n'ai fait qu'exécuter les ordres. » Au Rwanda, les filles qui ont désigné leurs compagnons de classe pour être exécutés ou simplement avoir les avant-bras tranchés soupirent aujourd'hui : « Ce n'est pas moi, c'est Satan qui me possédait. » Édith Uwanyiligira raconte : « Pendant la fuite on se taisait, pareils à des humiliés. Partout où l'on passait, on entendait : "Voilà des Tutsis... ils sentent mauvais, il faut les tuer, il faut s'en débarrasser." Même les petits écoliers des classes primaires [...] nous jetaient des pierres et criaient : "Ce sont des Tutsis, ce sont des cancrelats" [19]. » Le génocide avait provoqué chez les survivants un tel état de délabrement physique et mental que les témoins éprouvaient du dégoût en les regardant. Pour être dans un tel état, il fallait que leur crime soit bien grand ! La conséquence expliquant la cause légitimait le crime de masse.

La description de l'escarre qui se creuse dans l'âme des traumatisés subit, elle aussi, la dérive idéologique de

19. J. Hatzfeld, *Dans le nu de la vie. Récits du marais rwandais*, Paris, Seuil, 2000, p. 161.

ceux qui pensent qu'un monstre est tapi au creux des enfances meurtries et qu'un jour ou l'autre le diable en surgira. Les maltraités deviendront à leur tour des parents maltraitants, ils tomberont amoureux de leurs agresseurs, et le démon qui les habite leur fera commettre des atrocités. Le simple fait de penser à un sujet agressé en se le représentant uniquement sous forme de victime donne une impression de proximité entre les partenaires de la violence. Puisqu'on est victime, on a été proche de l'agresseur. Cette logique entraîne une sensation de fusion entre le violeur et la violée : « Si elle est victime, c'est qu'elle l'a provoqué, elle est un peu complice... » Les victimes sont louches, elles sont initiées par leur proximité avec la mort... Elles ont été serrées dans les bras de l'assaillant, il faut s'en méfier et les jeter à l'eau dans le même sac, tous les deux, comme au Moyen Âge. Cette sensation d'intimité entre les partenaires de la violence enclenche des raisonnements automatiques : toute victime devrait avoir honte du Mal qui est planté en elle car « les déplorables enseignements du vice laissent dans l'âme des victimes un germe de corruption [20] ». On retrouve dans les tribunaux du XIXe siècle une étonnante paraphrase de ceux qui pensent encore aujourd'hui que le Mal est tapi dans l'âme des enfances meurtries et qu'un jour le Maudit en sortira : les victimes sont dégueulasses !

La croyance extrême de ces raisonnements linéaires est exprimée par les amoureux de la malédiction qui affirment qu'une blessure se transmet pendant plusieurs générations et qu'un secret provoque une psychose à la

---

20. « *La Gazette des tribunaux*, 11-12 janvier 1892 », *in* G. Vigarello, *Histoire du viol*, Paris, Seuil, 1998, p. 231.

troisième descendance. La blessure psychique provoque en effet une organisation particulière de la personnalité du parent qui va envelopper l'enfant. Ça transmet une ombre qui provoque un trouble, mais qui peut aussi inviter au plaisir de l'énigme.

Les conjugaisons affectives

La résilience ne s'intéresse qu'aux manières de recoudre ces déchirures traumatiques. Mais, pour penser la résilience, il faut faire de son histoire une vision où chaque rencontre est un choix d'existence. Cette manière de donner un sens non inexorable à sa vie témoigne d'une capacité de liberté intime. Elle autorise mille scénarios possibles, avec les hésitations, les coups de chance et les angoisses que provoque tout choix. Les gens qui raisonnent ainsi se sentent à l'aise dans les cultures de l'incertitude où ils peuvent facilement « aventurer leur vie [21] ». Cette petite liberté est un artisanat où chaque geste et chaque mot peuvent modifier la réalité qui nous entraîne et construire la résilience comme un anti-destin.

La formation du couple constitue certainement un choix majeur de notre existence. Tout éclopé de la vie s'y engage avec son passé, ses rêves et sa manière de donner sens. Son partenaire aussi se fait une image de la blessure de son conjoint et de l'espérance du couple à venir. C'est avec le monde intime de l'autre que chacun devra composer, s'épanouir, se sécuriser, pactiser et parfois guerroyer.

---

21. « Sainte Thérèse d'Avila », *in* P. de Roo, *Mécaniques du destin*, *op. cit.*

Cette conjugaison affective et historique constitue une bulle sensorielle pour l'enfant qui va y naître. Une enveloppe de gestes, de cris, de rires, de mimiques et de mots façonnera ses développements précoces jusqu'au moment où, à son tour, il arrivera à l'âge du sexe.

- Comment se rencontrent les âmes blessées ?
- L'entente du couple renforce-t-elle la résilience ou aggrave-t-elle la déchirure ?
- Que transmettent les parents résilients aux enfants qui vont en naître ?

Voilà les questions qui vont nous occuper.

III

QUAND LA RENCONTRE
EST UNE RETROUVAILLE

La merveille et le ver de terre

L'adolescence interminable serait-elle un signe de bon développement ?

Les enfants se sentent plus ou moins bien, selon la manière dont le milieu tutorise leur développement. Arrive un jour où, soudain, le monde provoque des émotions jusqu'alors inconnues. L'enfant savait qu'une petite fille n'est pas un petit garçon, que les femmes ne sont pas des hommes et que les mamans ne sont pas tout à fait des femmes. Mais, depuis quelques mois, ces notions sexuelles se chargent d'une connotation affective différente. Soudain, le corps des femmes provoque chez les adolescents des émotions nouvelles, agréables et angoissantes. Les filles regardent les garçons avec un œil nouveau, espérant capter l'attention de jeunes gens dont elles se moquaient quelques semaines plus tôt.

Cette émotion nouvelle, cette manière intense d'être ému(e) par l'autre est attribuable à la sécrétion, lors de la puberté, de l'hormone sexuelle qui rend le jeune pubère hypersensible à un type d'informations qui étaient peu signifiantes auparavant. Les modifications biologiques annoncent la puberté mais n'expliquent pas l'adolescence. Le jeune, éprouvant soudain une appétence curieuse pour le corps d'un autre, doit utiliser toutes les habiletés relationnelles, tout le style affectif dont il dispose à ce moment-là, toute la manière d'aimer auparavant acquise, pour approcher la personne à qui appartient ce corps et s'y associer d'une manière encore incertaine. L'adolescence ne constitue pas obligatoirement un moment de crise, mais c'est toujours un changement d'orientation affective.

Le jeune qui se sent poussé vers l'autre pour une relation particulière ne peut pas échapper à la question : « Va-t-il (elle) m'accepter ? » Se met alors en cause la représentation de soi qui s'est construite dans son esprit au cours de son enfance. Représentation d'image : « Avec un corps pareil, aucun homme ne pourra me désirer. » Et représentation de mots : « Avec mon histoire d'enfant maltraité, il (elle) va certainement me rejeter. »

On attend notre premier amour et déjà l'image que l'on se fait de l'autre se dessine en fonction de l'image de soi qui s'est construite en nous : « Les femmes sont des fées qui me bouleversent. Comment voulez-vous qu'une de ces merveilles tombe amoureuse du ver de terre que je suis ? » On peut aussi penser : « Les filles sont des petites choses vulnérables dont je vais me servir à ma guise puisque je suis plus fort et plus hardi. » Dans tous les cas, la préparation à l'engagement amoureux met en jeu la représentation de soi acquise au cours de l'enfance. Notre mémoire du passé est utilisée pour ce nouvel engagement :

« Qui sont mes parents ?... Ai-je été bon élève ?... Suis-je doué pour l'amitié ?... Suis-je triste ?... Intello ?... » L'image de soi constitue le capital avec lequel nous nous engageons dans les choix les plus aventureux de notre existence : l'amour et le social.

Cette représentation de soi devient une croyance qui détermine nos engagements : « Je suis nul à l'école, je suis bête, je vais donc choisir un métier pour débiles. » Celui qui raisonne ainsi prépare son amertume et met en chantier ce qu'il imagine de lui, de son passé, de son avenir. Si bien qu'un adolescent qui se rappelle une histoire de pertes affectives répétées aura tendance à craindre l'avenir amoureux qu'il désire avec désespoir. Il rêve à une fille qui lui apporterait la sécurité affective, à n'importe quel prix ! De même, une fille qui a été misérable pendant son enfance, et qui en a souffert, se réfugie dans l'espoir violent de faire ce qu'il faut pour ne plus jamais avoir faim. L'adolescence constitue ainsi une plaque tournante, un moment dans le cheminement de la vie où nos engagements dépendent de l'idée que l'on se fait de soi. C'est une période sensible [1] où l'on place, plus ou moins avantageusement, le capital intellectuel, historique et affectif acquis au cours du développement. Mais c'est aussi un pari sur l'avenir et une possibilité de remaniement de l'image de soi, selon les personnes et les milieux que l'on rencontre à ce moment-là.

---

1. « Période sensible : moment de la vie d'un organisme qui devient particulièrement apte à certains apprentissages. Lors d'une période ontogénique, certaines influences de l'environnement laissent une impression plus stable et plus durable qu'une expérience équivalente ou plus forte en dehors de cette phase », *in* K. Immelman, *Dictionnaire de l'éthologie*, Bruxelles, Mardaga, 1990.

Adolescence : virage dangereux

« Période sensible » ne veut pas dire « période pathologique ». Moins de 2 % des enfants sont dépressifs, même
quand les conditions d'existence sont difficiles. Un petit
garçon dont les parents sont pauvres ou malades peut
quand même extraire de son milieu les moments d'amitié,
les parties de football et les apprentissages scolaires qui
suffisent à son bonheur. Un adolescent doit remanier son
attachement, se dégager du lien parental pour s'engager
dans une autre relation qui sera à la fois affective et
sexuelle. La prise de risque est grande, même en situation
normale, puisqu'il devra quitter sa base de sécurité s'il
veut évoluer et poursuivre son développement. Le nombre
des dépressions augmente et passe à 10 %. Les adolescences non pathologiques (90 %) ne sont pas forcément de
tout repos. L'intensité des émotions, les expressions véhé-
mentes touchent les parents et provoquent des conflits
dans 30 à 40 % des cas [2]. Il s'agit d'un moment sensible et
non pas d'une détresse. La relation affective peut évoluer
quand le milieu offre une possibilité d'apaiser l'émotion et
d'engager l'adolescent dans un projet d'existence.

Pour les ados, ces conflits domestiques n'empêchent
pas l'attachement. L'hyperexpressivité de cet âge explique
l'apparente contradiction entre les sondages qui révèlent
que plus de 80 % des adolescents aiment leurs parents,
alors que 50 % des foyers connaissent des tempêtes. Quand

---

2. K. R. Merikangas, J. Angst, « The challenge of depressive
disorders in adolescence », *in* M. Rutter (éd.), *Psychosocial Distur-
bances in Young People : Challenges for Prevention*, Cambridge, Cambridge University Press, 1995, p. 131-165.

un parent a acquis l'attachement sécure, il n'aggrave pas l'opposition, il apaise l'adolescent et attend qu'il exprime à nouveau son affection. Mais quand le parent, à cause de sa propre histoire, a surinvesti l'enfant, il est blessé par la véhémence du jeune et se sent disqualifié dans son rôle parental : « J'ai renoncé à une carrière passionnante pour ne pas te changer de lycée. Tout ça pour ça ! » Et le conflit banal se transforme en relation douloureuse.

Le remaniement affectif de la période sensible de l'adolescence diffère selon le sexe. L'autre jour, j'ai pris le bateau-bus qui navigue entre Toulon et Les Sablettes. J'étais entouré d'une bande de jeunes gens, garçons et filles très remuants. « Je m'occupe des 13 ans », a dit un accompagnateur. Les filles étaient deux fois plus grandes que les garçons. Déguisées en friandises sexuelles, elles affirmaient autant qu'elles le pouvaient leur féminité naissante : décolleté pigeonnant surplombant un nombril bijouté, minijupes très mini, ongles, yeux, lèvres, cheveux, tout ce qui pouvait être sexualisé était mis en lumière. Dans leur esprit de gamines, il ne s'agissait certainement pas d'un appel à l'acte sexuel, mais plutôt d'une affirmation fière de quelques avantages de devenir femme. Les garçons paraissaient frêles auprès de ces grandes filles. Imberbes, la peau fraîche, mignons, ils se laissaient materner par les grandes qui les entouraient de leurs bras et riaient de leurs bêtises quand soudain les petits garçons leur décochaient de secs coups de poing dans l'estomac. Les mignonnes, maladroitement, prenaient une inutile posture de combat, et puis l'amitié recommençait. Une adolescente de 13 ans est pubère depuis deux ou trois ans quand elle côtoie des garçons qui, eux, commencent à peine leur métamorphose. Cette différence est énorme à un âge où la maturation physique, affective et intellectuelle joue un rôle important dans l'orientation sociale. Pourtant, à la même époque, on constate une inversion de l'humeur. Les petits garçons qui étaient tristounets et dominés par les filles deviennent en quelques mois gais et affirmés, parfois même un peu trop. Alors que les filles qui déprimaient moins que les garçons avant la puberté deviennent craintives, peu sûres d'elles-mêmes et beaucoup plus anxieuses. Elles recherchent souvent l'approbation d'un adulte, ce qui facilite leur adaptation à toute forme de culture[3]. Ce qui revient à dire qu'une même situation prendra un impact psychologique différent selon l'âge et le sexe du récepteur. Les garçons, plus vulnérables au divorce de leurs parents, sont en difficulté d'identification quand ils n'ont pas de père et cherchent des situations où la prise de risque leur sert d'épreuve initiatique. Alors que les filles, physiquement et intellectuellement plus avancées, supportent mieux le divorce, mais se sentent entravées quand elles restent seules avec leur mère. Ces adolescentes croient parfois trouver leur autonomie en devenant mères très jeunes. Au Québec, à 16 ans, une fille sur deux a déjà eu une relation sexuelle (contre un garçon sur quatre) et 5 % de ces très jeunes femmes tomberont enceintes[4].

---

3. A. C. Petersen, B. E. Compas, J. Brooks-Gunn, M. Stemmler, S. Ey, K. E. Grant, « Depression in adolescence », *American Psychologist*, 1993, 48, p. 155-158.

4. B. Ambuel, « Adolescents unintended pregnancy and abortion : the struggle for a compassionate social policy current directions », *Psychological Science*, 1995, 4, p. 1-5.

L'engagement sexuel est donc gouverné par des forces confluentes : l'âge, la maturation biologique différente selon le sexe, le contexte familial et culturel au moment de la rencontre, l'histoire de la jeune personne et l'image qu'elle se fait d'elle-même avant l'acte sexuel. Un garçon d'un milieu pauvre, vivant dans un espace restreint, aura plutôt tendance à ne pas attribuer d'importance à l'école et à choisir un travail manuel si le contexte social lui en propose un. Alors qu'une fille qui se sent entravée par une mère pauvre et isolée compense son échec scolaire et relationnel par une grossesse précoce. Cette collecte d'informations biologiques, historiques, familiales et culturelles décrit une population d'adolescents qui se développent sans traumatisme mais avec de lourdes épreuves. L'adolescent traumatisé subit le même gouvernement de forces confluentes qui, cette fois-ci, s'exercent sur une personnalité déchirée.

Ce type de raisonnement, en intégrant des données d'origines différentes, s'oppose aux raisonnements linéaires où une seule cause provoque un seul effet. Quand on se sent mal, on a envie de raisonner de manière linéaire espérant ainsi trouver la solution. Une telle explication abusive nous soulage momentanément en mettant en lumière une vérité partielle, mais elle nous aveugle sur les autres racines du mal. Aucune cause n'est totalement explicative.

Le goût du monde est celui auquel on s'attend

Lorsqu'un enfant blessé arrive à l'adolescence, il s'engage dans l'inévitable remaniement affectif provoqué par le flux hormonal et l'empêchement de l'inceste, avec sa manière particulière de goûter le monde. La déchirure de son enfance l'a rendu préférentiellement sensible à un type d'information. Les enfants qui se sont développés dans un pays en guerre perçoivent mieux que d'autres le claquement d'une portière ou la pétarade d'une voiture. Ils répondent à ce bruit signifiant en plongeant sous une table et en ressortent sans honte ni sentiment de ridicule car, dans leur esprit, il s'agit simplement d'un comportement de survie. Le fait d'avoir grandi dans un pays en guerre leur a appris à percevoir préférentiellement ce type d'information sonore qui n'est signifiante que pour eux. Ce signifiant, inscrit dans leur mémoire, provoque encore cette réponse dans un pays en paix où le fait de plonger sous une table donne envie de rire, car il n'est plus adapté.

Ce comportement fréquemment observé, permet de comprendre que notre réponse à une stimulation présente s'explique à la lumière des expériences passées [5]. Un nourrisson « répond à des paramètres présents dans la réalité environnante [6] » mais, dès l'âge de 5 mois, il répond à des modèles mentaux qui se sont construits dans sa jeune mémoire : les « MOI » (*Internal Working Model* : modèle opératoire interne). Très tôt, il apprend à extraire de son milieu une forme préférentielle constituée, à ce stade, par la sensorialité maternelle. Dès que cette forme est inscrite dans sa mémoire, elle imprègne dans l'enfant un sentiment de soi. Si la mère maltraite le bébé ou le manipule brutale-

5. J. Bowlby, *Attachment and Loss*, vol. 1, New York, Basic Books, 1969.

6. R. Miljkovitch, « L'attachement au niveau des représentations », *in* N. Guedeney, A. Guedeney, *L'Attachement. Concepts et applications*, Paris, Masson, 2002, p. 27-28.

ment, l'enfant apprend à percevoir de manière affûtée les mimiques, les sonorités et les gestes qui annoncent l'acte brutal. Il éprouve le malaise déclenché par la perception d'un indice comportemental minuscule et y répond par des réactions de retrait [7], d'évitement du regard et de mimiques tristes exprimant l'humeur sombre qui se développe en lui.

Dans le monde intime de l'enfant se forment, en même temps, un modèle de soi et un modèle d'autrui. Plus tard, le petit maltraité continue à répondre à ces représentations apprises. Il résiste au changement et intègre difficilement des expériences nouvelles qui pourraient modifier ses modèles internes. Sauf à l'adolescence, quand l'inévitable remaniement émotionnel crée un moment « où les représentations négatives acquises dans l'enfance peuvent être modifiées [8] ». Il s'agit d'un tournant de l'existence [9], une période sensible où l'émotion est si vive qu'elle rend la mémoire biologique apte à apprendre un autre style affectif... si le milieu lui en fournit l'occasion. Ainsi, un carencé peut apprendre sur le tard la sécurité affective dont il a été privé car « l'établissement de relations hors de la famille d'origine peut modifier les postulats de l'attachement auparavant acquis [10] ».

---

7. A. Guedeney, « De la réaction précoce et durable de retrait à la dépression chez le jeune enfant », *Neuropsychiatrie de l'enfant et de l'adolescent*, 1999, 47 (1-2), p. 63-71.

8. B. Egeland, E. Farber, « Infant-mother attachment : factors related to its development and changes over time », *Child Development*, 1984, 55, p. 753-771.

9. J. Lecomte, *Guérir de son enfance*, Paris, Odile Jacob, 2004, p. 42.

10. M. H. Ricks, « The social transmission of parental behavior : attachment across generations », *Monographs of the Society for Research in Child Development*, 1985, 50 (1-2), p. 227.

Bruno ne savait pas à quel point il était sale. Il avait été placé à l'Assistance comme garçon de ferme à l'âge de 7 ans. La métayère le faisait dormir dehors, dans la grange, sur une botte de foin, en compagnie d'un « grand » âgé de 14 ans. Leur boulot consistait à tirer l'eau du puits, allumer le feu et surveiller les moutons. Pataugeant dans le purin et dormant dans la grange, les deux garçons en quelques mois s'étaient couverts d'une crasse aussi noire que leurs vêtements. Un dimanche, une dame est venue chercher Bruno pour lui offrir une journée dans une vraie maison, une sorte de parrainage [11]. Mais, quand cette dame généreuse a voulu donner un bain au petit garçon, elle n'a pu retenir une grimace de dégoût. Pour la première fois de sa vie Bruno s'est senti immonde. Il a éprouvé un sentiment de soi sale, en même temps qu'il percevait un modèle d'autrui méprisant, comme s'il avait pensé : « Je découvre que je suis sale sous le regard de gentils adultes. » À partir de ce jour, l'enfant n'a été à l'aise qu'en compagnie de garçons marginaux auprès desquels il ne se sentait pas sale. Il s'est mis à éviter les gentils adultes qui le souillaient par leur regard. En s'adaptant ainsi, Bruno se plaçait dans un monde de socialisation qui entravait sa résilience.

---

11. Actuellement, Catherine Enjolet développe une association qui offre ce genre de cadeau relationnel aux enfants en difficulté : « Parrain par mille », 25, rue Mouffetard, 75005 Paris.

Obligation d'aimer autrement

Dans un milieu stable, quand rien ne change, quand le stéréotype raconte qu'« un gosse de l'Assistance ne peut devenir qu'un garçon de ferme brutal et sale », l'enfant ne peut pas changer. Il est difficile d'acquérir un autre style relationnel quand tout est fixe dans la société et dans le regard des hommes.

Qu'on le veuille ou non, l'adolescence crée un moment propice aux changements affectifs. L'effet hormonal provoque une reprise de développement du système nerveux, donc une nouvelle possibilité d'apprentissages biologiques [12]. L'empêchement de l'inceste oblige le jeune à quitter ses parents pour tenter l'aventure de nouveaux liens et ne pas éprouver d'angoisses incestuelles [13]. Cette reprise évolutive est une prise de risque qui, comme tout changement, peut être source de progrès ou d'échec. C'est le moment des épanouissements mais c'est aussi la période du cycle de vie où l'on note un grand nombre de bouffées anxieuses.

Pour comprendre comment se gouverne cette nouvelle période sensible, on peut se rappeler que les enfants

12. R. L. Paikoff, S. Brook, J. Gunn, « Physiological processes : what role do they play during the transition to adolescence ? », *in* R. Montemayor, G. R. Adams, *A Transitional Period ?*, Newbury Park, CA, Sage, 1990, p. 63-81.

13. P. C. Racamier, *L'Inceste et l'incestuel*, Paris, Collège de psychanalyse groupale et familiale, 1995 : « [...] empreinte de l'inceste non fantasmé, sans qu'en soient nécessairement accomplies les formes génitales. » Chercher à porter la lingerie de sa mère ou surprendre avec plaisir un jeu érotique parental provoque chez l'enfant un parfum d'inceste.

qui éprouvent le plus de plaisir à penser et à explorer le monde extérieur sont ceux qui ont acquis un attachement sécure. Les ados réveillent cette aptitude précocement apprise pour se dégager harmonieusement de leur famille d'origine et tenter l'aventure d'un nouveau lien d'alliance.

Si l'on considère une population de cent adolescents, on constate que soixante-six d'entre eux avaient manifesté au cours de leur enfance un lien serein. Pourtant, quinze chuteront dans ce virage de l'existence et deviendront inhibés et anxieux. Paradoxalement, c'est leur milieu qui, trop sécurisant, a masqué l'anxiété naissante et empêché l'affrontement du problème. La pléthore affective abîme un développement aussi sûrement que la carence.

À l'inverse, quand on suit régulièrement les trente-quatre adolescents qui ont connu un attachement insécure au cours de leur enfance (évitant, ambivalent ou confus), on constate avec surprise que dix d'entre eux sont devenus sécures à ce moment-là. Les jeunes gens métamorphosés ont tissé avec une amie ou un compagnon intime la base de sécurité affective que n'avaient pu leur donner leurs parents [14].

La moitié de ces jeunes gens mal partis ont expliqué leur transformation par le hasard des rencontres, tandis que l'autre moitié attribuaient leur épanouissement à leur propre avidité pour de telles rencontres. On peut expliquer cette apparente opposition en disant que le flux hormonal modifie le monde intime des jeunes pubères et

14. H. Freeman, « Who do you turn to : individual differences in late adolescence perception of parents and peers as attachment figures », thèse, University of Wisconsin, 1997, *in* F. Atger, *Attachement et adolescence*, Paris, Masson, 2002, p. 127-135.

les rend hypersensibles à des informations qu'ils percevaient auparavant de manière engourdie. La sécrétion
intense de testostérone chez les garçons les rend soudain
impatients, poussés à l'action et réagissant vivement aux
frustrations. Alors que la sécrétion plus douce, mais
variable, des œstrogènes chez les filles les rend parfois
explosives verbalement ou au contraire très tendres [15].

Or toute période sensible invite à faire le bilan de ses
capacités afin de mieux affronter la nouvelle épreuve. Le
jeune se retourne sur son passé, se raconte sa propre histoire ou en rend compte à un tribunal imaginaire afin de
mieux comprendre qui il est, et comment il peut s'engager dans la vie. Ce travail donne accès à la pensée
formelle, une logique déductive qui, en associant des
données éparses rend le monde cohérent. L'adolescent
devient, à ce moment-là, avide de rencontres extérieures
à sa famille. Selon ce que son quartier et la société disposent autour de lui, il aura plus de probabilités de
rencontrer des amis délinquants ou au contraire sociali-
sants. Mais ces occasions ne sont pas passives puisqu'un
jeune va chercher dans son milieu les hommes et les
événements auxquels il aspire.

Enfin, sur les cent enfants suivis jusqu'à l'adolescence, cinq mal partis, constamment en détresse,
s'effondrent à cette période, submergés par l'excès de
problèmes à traiter.

Ce qui revient à dire qu'en observant cent enfants au
départ, sur soixante-six sécurisés, cinquante seulement
franchiront une adolescence heureuse. Sur trente-quatre

---

15. H. Bee, D. Boyd, *Psychologie du développement. Les âges de la
vie*, Bruxelles, De Boeck Université, 2003, p. 297-299.

enfants difficilement partis, dix les rejoindront dans le bonheur. En revanche, seize bien partis rejoindront vingt-quatre mal partis et connaîtront une adolescence critique [16]. Ce qui n'empêche qu'après quelques années pénibles, la puissance évolutive est telle que trente de ces jeunes gens en difficulté se stabiliseront et reprendront un style d'existence plus facile et agréable, bénéficiant ainsi d'une sorte de résilience naturelle. Mais dix d'entre eux connaîtront de graves difficultés mentales et sociales. C'est à cette minorité qu'on attribue abusivement l'image de l'adolescence en Occident.

Dix tragédies, trente périodes critiques, soixante adolescences heureuses, cette jeunesse est loin de correspondre au stéréotype culturel qui souligne les crises et la période dangereuse [17]. Ce cliché, en parlant d'une vérité partielle, entraîne une généralisation abusive. Mais 10 % d'un peuple adolescent de quatorze millions d'enfants, ça fait tout de même 1,4 million de jeunes en détresse.

Puisque l'adolescence constitue normalement une période de remaniement affectif où chaque jeune met en jeu ce qu'il a appris dans son passé pour s'engager dans l'avenir, le processus de résilience connaît, à ce moment-là, une période propice dont les traumatisés peuvent profiter pour reprendre une aventure existentielle constructive.

---

16. J. E. Fleming, « Prevalence of childhood and adolescent depression in the community, Ontario child health study », *British Journal of Psychiatry*, 1989, 15, p. 647-654.
17. P. Jeammet, « Les risques de décompensation dépressive à l'adolescence et la démarche préventive », *in* C. de Tichey, *La Prévention des dépressions*, Paris, L'Harmattan, 2004.

Le style affectif acquis et le sens donné à la blessure constituent alors le capital mental avec lequel le jeune se représente son engagement futur et y répond [18]. Il se trouve que les adolescents sécures ont beaucoup plus d'amis et un premier rapport sexuel plus tardif (17,5 ans), avec un nombre moins élevé de partenaires (2 ou 3) [19]. Les autres adolescents, ceux qui ont peur d'exprimer leurs émotions (les évitants), ceux qui, par angoisse, agressent ceux qu'ils aiment (les ambivalents), ceux qui ne se sentent bien qu'en emprisonnant l'objet de leur amour (les attachements angoissés), ceux qui sont toujours en détresse (les confus), ces adolescents-là ont peu d'amis à cause de leurs relations difficiles. Ils se jettent dans une sexualité mal maîtrisée espérant y trouver la relation qui leur manque. C'est dans cette population qu'on trouve les prises de risques inconsidérées chez les garçons, les grossesses précoces chez les filles, les maladies sexuelles, les nombreux partenaires (7 entre 12 et 18 ans), la recherche d'événements traumatisants qui les aide à s'identifier et la mise en scène du théâtre de la drogue qui leur donne enfin un rôle mais qui ajoute presque toujours une blessure supplémentaire aux déchirures de l'enfance. C'est parmi les évitants qui verrouillent leur orage intime derrière le masque de l'inhibition qu'on trouve le plus souvent les rapports sexuels tardifs à l'occasion d'un passage à l'acte explosif et inat-

---

18. R. Miljkovitch, « Attachement et psychopathologie durant l'enfance », *in* N. Guedeney, A. Guedeney, *L'Attachement. Concepts et applications, op. cit.*, p. 121-125.
19. J. P. Allen, D. J. Land, « Attachment in adolescence », *in* J. Cassidy, P. Shauer (dir.), *Handbook of Attachment : Theory, Research and Clinical Implications*, New York, Guilford Press, 1999, p. 595-624.

tendu. Mais c'est aussi dans le groupe des attachements difficiles qu'on trouve le plus grand nombre de changements affectifs qui mettent sur ses rails un processus de résilience [20].

L'enfant mascotte et le surhomme

Il y a sur terre aujourd'hui cent vingt millions d'enfants abandonnés errant dans les rues, sans famille ni structure éducative. Il faut y ajouter les négligences affectives, les abandons à domicile d'où les enfants s'enfuient pour aller se clochardiser car, ils trouvent dans la rue plus d'événements de vie et d'affection que dans le bel appartement confortable et sans âme de leurs gentils parents [21]. La désocialisation et les troubles du développement y sont majoritaires, mais plus de 30 % de cette énorme population reprendront un développement résilient à condition que leur structure affective de carencés parvienne à s'articuler avec la structure affective d'un autre, individu ou groupe.

On a eu du mal à concevoir les maltraitances physiques pourtant faciles à observer, on aura encore plus de difficultés à observer les privations affectives. Il est difficile de voir un non-événement, d'autant que le blessé

20. B. Cyrulnik, « De l'attachement à la prise de risque », in J.-L. Venisse, D. Bailly, M. Reynaud (dir.), *Conduites addictives, conduites à risques : quels liens, quelle prévention?*, Paris, Masson, 2002, p. 75-81.
21. B. Cyrulnik, in M. Versini (dir.), « Les enfants des rues », colloque UNESCO, 25 janvier 2002.

lui-même prend mal conscience de la déchirure[22]. Ce n'est pas une douleur physique, ni une humiliation, ni même une perte déchirante. C'est une désaffection lente et insidieuse qui délabre d'autant plus qu'elle n'est pas vraiment consciente. Un coup, un viol, une guerre, un attachement brisé permettent de dater et de donner une forme à l'agression. Alors qu'il s'agit là d'un refroidissement du monde, d'une extinction lente, d'un effacement discret et continu des figures d'attachement.

Quand un enfant carencé arrive à l'âge de l'engagement amoureux avec une telle faille insidieuse, il éprouve avec angoisse la flambée de désir qui tire sur les bords de la déchirure mal recousue. Il peut s'effondrer au premier amour. Alors que celui qui a bénéficié de la rencontre amoureuse pour entamer une métamorphose résiliente a connu auparavant les prémices de défenses constructives.

C'est le cas des « enfants mascottes » qu'on trouve dans tous les orphelinats. En pleine détresse, ils nous font rire. En plein chagrin, ils écrivent une poésie qu'ils nous offrent en cachette. En plein abandon, ils tissent autour d'eux un réseau de petits copains qu'ils cherchent à soutenir. Ces défenses constructives maintiennent des passerelles affectives dans un monde en ruine. Grâce à leurs défenses intimes, ces enfants désolés préservent un îlot de beauté. Le refuge dans la rêverie donne quelques heures de plaisir que les enfants désespérés recherchent comme s'ils avaient rendez-vous avec un petit bonheur caché : « Vite que je reprenne ma rêverie là où j'en étais hier soir. » Ils anticipent

---

22. J. Waldner, « Le placement en institution », *in* J.-P. Pourtois (éd.), *Blessure d'enfant*, Louvain, DeBoeck Université, 1995, p. 253.

leur existence avec des projets fous qui leur permettent de supporter la tristesse du réel, la déchetterie du quotidien. Leur besoin de comprendre donne forme au monde extérieur dont ils cherchent à ne pas se couper. Ils veulent le voir et l'analyser afin de le contrôler, plus tard, « quand je serai grand ». Cette curiosité et cette mentalisation les maintiennent en relation et évitent le naufrage mélancolique dont ils sont pourtant proches. Leur créativité transforme leur souffrance en dessins qu'ils exposent, en récits qu'ils expriment, en saynètes qu'ils jouent, leur donnant ainsi la place d'un capteur d'attention auquel les autres enfants de l'orphelinat viennent se réchauffer.

Les enfants mascottes qui attirent l'affection ne sont pas des petits surhommes, loin de là. Mais, avant le fracas, ils avaient reçu de leur milieu quelques empreintes précoces qui ont tracé dans leur mémoire une braise de résilience [23], comme s'ils pensaient : « Je sens qu'on peut m'aimer puisque je sais que j'ai été aimé. » La déchirure et la braise coexistent dans leur mémoire, comme une représentation de soi avec laquelle ils s'engagent dans l'aventure amoureuse.

Aline me racontait : « J'avais honte de ne pas avoir de parents. Alors, quand un garçon m'approchait, je mentais. J'inventais des parents merveilleux et j'en parlais beaucoup. Je mentais utilitaire. Je disais que j'étais scandalisée par ma note de téléphone pour faire croire que j'étais entourée. Je rêvais de parents merveilleux, un

---

23. Pour la théorie de l'empreinte, voir B. Cyrulnik, *Sous le signe du lien*, Paris, Hachette, 1989 ; *Les Nourritures affectives*, Paris, Odile Jacob, 1991 ; *Les Vilains Petits Canards*, Paris, Odile Jacob, 2001 ; et F.-Y. Doré, *L'Apprentissage, une approche psycho-éthologique*, Paris-Québec, Maloine, 1983.

père fonctionnaire, une mère à la maison. Mais quand un garçon me disait : "Je t'aime", je le rembarrais : "Tu te moques de moi", et je l'agressais. »

Pourquoi quitter ceux qu'on aime

Bruno répondait lui aussi à une image de soi, mais il raisonnait en langage masculin : « Avant l'apparition du désir sexuel, j'étais déjà attiré par les filles. Je ne sais pas pourquoi, je repensais tout le temps à un événement qui m'est arrivé à l'âge de 10 ans. J'avais volé un truc à un grand de 14 ans. Il m'a poursuivi dans la cour de l'orphelinat et m'a envoyé un grand coup de poing dans la figure. J'étais sonné. Une fille est arrivée en courant et m'a mis le bras autour du cou en me disant des mots gentils. Je me suis souvent repassé cette scène. »

Parmi les milliards de faits, de choses, d'actions et de mots qui nous entourent, presque tout sera oublié, fondu dans le milieu qui nous enveloppe et nous façonne à notre insu. Lorsque, soudain, un scénario dont l'action dramatique provoque un dénouement jaillit dans notre conscience et y demeure sous forme de souvenir. Si Bruno se délectait à faire revenir cette scène, c'est parce qu'elle signifiait pour lui que les filles étaient porteuses d'affection. Elles possédaient ce pouvoir de combler la perte, de retrouver la trace d'un amour disparu qu'elles savaient faire revivre. Bruno a donc été un gentil compagnon, jusqu'au jour où le surgissement du désir, en surinvestissant le côtoiement des filles, a changé son comportement : « J'ai tant besoin d'affection que quand je m'approche d'une fille, ça me paraît énorme. Ça m'effraie presque. Les filles sont tellement importantes pour moi que ça me paraît idiot de dire : "Il fait beau..." On ne peut dire que des choses extraordinaires à une fille, et moi, je ne sais pas les dire. Dès que j'approche d'une fille, je me dévalorise, je me sens minable. T'es pas capable... Alors, plus je l'aime, plus je me sens mal. Pour me soulager je la quitte, ça me désespère. »

Cette difficulté d'aimer qu'éprouvent ces jeunes gens s'explique par l'apprentissage d'un style affectif insécure. Une telle représentation de soi mène à des engagements qui ne doivent pas grand-chose au hasard : « Je ne me sens heureuse que dans les cimetières ou lors des enterrements. La souffrance des autres m'attendrit. Avec eux, je ne me sens plus anormale. » La femme qui me disait ça m'a expliqué qu'elle avait éprouvé un coup de foudre pour son futur mari : « Je l'ai aimé tout de suite parce que c'était le plus triste. » Puis elle a justifié son choix amoureux en parlant de romantisme, de douceur, et en ajoutant : « Un beau ténébreux ne me fait pas peur. J'ai envie d'agresser les hommes joyeux. »

L'histoire déchirée des adolescents carencés les mène à surinvestir le domaine affectif dont le sens est tellement lourd pour eux qu'il provoque la peur de l'autre sexe. « Je me sens mal dès que j'aime, dit le garçon carencé. J'ai peur des femmes et je me retrouve seul, désespéré », ajoute-t-il. Ces garçons n'osent pas approcher les filles qu'ils désirent. Le célibat n'a pas la même signification selon le sexe. C'est un échec relationnel, un désespoir et une solitude pour le garçon dont l'adolescence aggrave la déchirure passée. C'est une instabilité affective, une agressivité provoquée par les contresens sexuels pour l'adolescente qui se retrouve dans le lit de l'homme avec qui elle voulait simplement parler.

Le fait que les garçons soient amenés à un célibat douloureux, alors que les filles s'orientent plutôt vers une instabilité affective et agressive, est le résultat d'une série d'adaptations. Les garçons carencés fuient les femmes qu'ils aimeraient aimer alors que les filles carencées agressent les hommes qui profitent d'elles.

La fuite est une adaptation régressive, ce n'est pas un facteur de résilience puisqu'il s'agit d'une répétition et non pas d'une évolution. Pourtant, cette vulnérabilité affective est encore plastique. Au cours des années précédentes, les enfants carencés ont souvent connu un nombre élevé d'institutions où ils ont établi des relations de styles variables. Ils ont été cajolés, rejetés, glorifiés, ignorés, maltraités ou encensés selon les adultes qu'ils rencontraient. Certains enfants répétaient le même style affectif, glouton ou glacé, mais la plupart changeaient d'expression selon la relation. Une telle aptitude variable fournit la preuve qu'on peut encore apprendre à aimer quand le nouveau milieu fournit la stabilité affective qui donne le temps de changer.

Lorsque la société dispose autour des jeunes blessés quelques structures culturelles stables, telles que des lieux d'étude, des clubs de rencontre ou des rêves à partager, on constate qu'un grand nombre de ces blessés de l'attachement se sécurisent lentement et se laissent apprivoiser par l'autre sexe. La tendance au célibat est moins importante dans les groupes réunis autour d'un projet politique ou artistique. Les carencés s'engagent plus facilement dans l'altruisme que dans l'intimité. Mais on constate aussi que la vulnérabilité affective qui avait rendu si douloureuse la rencontre avec l'autre sexe devient alors un facteur de stabilité, comme si les jeunes disaient : « J'ai eu tant de mal à faire un couple que j'accepte de payer cher la poursuite de cette manière d'aimer parce que je sens que j'y progresse lentement. » Après une période d'installation difficile, ces couples tiennent peut-être mieux que ceux de la population générale [24]. L'adolescent blessé accepte ainsi de se laisser influencer par son partenaire parce qu'il progresse à son contact. Alors qu'un adolescent non blessé dont la personnalité est plus stable et affirmée ressentirait le même contrat amoureux comme une atteinte à son intégrité, un prix excessif qu'il refuserait de payer.

Les amochés affectifs sont imprévisibles puisque l'inévitable remaniement sentimental qu'ils ressentent au fond d'eux-mêmes peut les orienter dans des directions opposées selon le partenaire sexuel qu'ils rencontrent. Avec certains, ils recoudront un développement interrompu par la déchirure traumatique, avec d'autres, ils l'aggraveront. Ces « anthropophages de l'amour » ont acquis un style affectif au cours de leur blessure d'enfance, mais, au moment sensible du remaniement amoureux de l'adolescence, ils peuvent évoluer ou s'effondrer, devenir délinquants impulsifs aussi bien que moralistes vertueux [25].

---

24. D. Bauman, *La Mémoire des oubliés*, Paris, Albin Michel, 1988, p. 205-206.

25. M. Lemay, « Les difficultés sexuelles de l'adolescence », *Psychiatries 6*, n° 64, 1984, p. 57-64 ; et « Carences primaires et facteurs de risque de dépression postnatale maternelle », *in* C. de Tichey, *La Prévention des dépressions, op. cit.*

L'aube du sens diffère selon le sexe

L'asymétrie des sexes est plus nette que jamais lors de l'adolescence puisque « la grossesse peut être considérée comme une "crise" normale de développement [26] », où la fille devient l'égale de sa mère, l'épouse de son mari et la mère de son enfant. Elle connaît à ce moment-là une mise à l'épreuve de son corps de femme et de sa condition féminine : « Mon corps est-il capable de porter un enfant ? Serai-je mère comme ma mère ? Puis-je compter sur mon mari ? » À ces questions, il faut ajouter depuis une ou deux générations la suivante : « L'organisation sociale va-t-elle profiter de ce moment crucial pour me réduire à mon rôle de mère ou me permettre de poursuivre mon épanouissement personnel ? » Toutes les manières d'aimer sont questionnées par la grossesse : l'attachement acquis au cours de l'enfance, le remaniement amoureux de la jeunesse et le droit de s'aimer encore un peu elle-même ou d'y renoncer pour se consacrer à sa famille.

On peut tenir le même raisonnement pour les hommes, chez qui l'engagement physique n'a pas le même poids. Alors qu'une mère se sent deux dans son corps quand elle imagine le bébé qu'elle porte, un garçon, lui, se sent encore plus individualisé quand il imagine comment il va se mettre au service du foyer... ou s'enfuir. Un grand nombre de maltraitances conjugales commencent quand la femme est enceinte parce que l'homme est effrayé

---

26. A. F. Valenstein, « Une fille devient femme : le caractère unique du changement de l'image de soi pendant la grossesse », *in* E. J. Anthony, C. Chiland, *Prévention en psychiatrie de l'enfant en un temps de transition*, Paris, PUF, 1984, p. 135.

quand il croit qu'elle s'apprête à construire une prison affective : « Elle va profiter de sa grossesse pour m'asservir. Elle fait semblant de se dévouer, ce qui lui permet de tout contrôler. » L'angoisse d'être dominé provoque une rébellion violente qu'ensuite l'homme penaud cherche à faire pardonner, redonnant ainsi à sa femme le pouvoir qu'il venait de brutalement contester [27]. Un processus de répétition antirésiliente se met alors en place.

Cette période sensible peut provoquer un aiguillage contraire. Beaucoup de jeunes gens désemparés, mal identifiés, flottant vers la catastrophe à cause de rencontres délabrantes avec d'autres drogués, délinquants ou désengagés de l'existence, reprennent une navigation résiliente dès l'instant où, devenant père, le monde prend un sens nouveau : « Tout travail m'ennuyait et je pensais que seuls les idiots se laissaient piéger. Aujourd'hui je suis heureux, travailler pour ce bébé donne sens à mes efforts. Il a besoin de moi. Je sais maintenant pour qui je me lève le matin. » Le bébé a joué pour ce jeune homme le rôle de la cathédrale du casseur de cailloux.

Ces enquêtes mènent à l'idée suivante : si on laisse un adolescent blessé seul avec sa déchirure, il aura de fortes probabilités de s'orienter vers la répétition antirésiliente. Mais on peut profiter de la période sensible que crée le remaniement affectif de l'appétence sexuelle ou de la grossesse pour aider le jeune à prendre un virage résilient. Vingt-huit pour cent des enfants blessés s'améliorent « spontanément » au cours de l'adolescence [28]. Cette évolu-

27. M. Silvestre, « Pathologie des couples », cours de diplôme d'université, Toulon, 17 janvier 2004.
28. E. Werner, S. Smith, *Vulnerable but Invincible*, New York, Mc Graw Hill, 1982.

tion, apparemment naturelle, correspond en fait à une rencontre constructive avec un personnage signifiant affectif, sexuel ou culturel. Certains groupes sociaux, certaines institutions, rendus attentifs à ces facteurs de résilience ont nettement amélioré ce chiffre et dépassent les 60 % d'amélioration [29].

Même quand le virage de l'adolescence a été correctement négocié, on peut se demander si les effets résilients sont durables. Et l'on peut répondre que, dans la condition humaine, aucun effet n'est définitif : on peut « attraper » une grippe, s'immuniser contre le virus et, l'année suivante, être à nouveau malade. On peut faire fortune et se retrouver ruiné. On peut progresser en psychanalyse et quelques années plus tard retourner sur le divan pour affronter un autre problème. La plupart des déterminants humains ne sont que des tendances qui nous orientent vers une trajectoire existentielle, un style relationnel qui rend notre chemin de vie agréable ou douloureux. À chaque étape de l'existence apparaissent de nouvelles sources de vie : après l'attachement des petites années surgit l'appétence sexuelle de la puberté. La constitution d'une famille se fait en même temps que l'aventure sociale. Et, plus tard, chez les aînés, l'âge du sens permet enfin de comprendre pourquoi ils ont tellement aimé, travaillé et souffert. À chaque changement, il a fallu négocier. Le fixisme n'existe que lorsque les préjugés empêchent de se représenter les transactions incessantes entre le psychisme, le réel et le social.

---

29. C. Garcia, L. M. Reza, A. Villagran, « Promoción de resiliencia en niñas y jóvenes con antecedents de abandono y maltrato », Aldea Infantile SOS, Tijuana (Mexico), 2003.

Ce conflit n'est pas nouveau. Pendant des millénaires, on a pensé que la hiérarchie sociale était justifiée par l'ordre de la nature. Les hommes riches et bien portants trônaient en haut de l'échelle parce qu'ils étaient de qualité supérieure, disait-on.

Ces enfants ne méritent ni l'eau ni le pain qu'on leur donne en prison

Lors des années d'avant guerre, Françoise Dolto fut l'une des premières à affirmer qu'un enfant comprend beaucoup de choses bien avant d'être capable de parler. Dès 1946, Jenny Aubry eut à s'occuper d'enfants en détresse, « déposés » à la section des Enfants assistés de l'hôpital Saint-Vincent-de-Paul, parce que leur mère était tuberculeuse, délinquante, divorcée ou très pauvre. À cette époque où triomphaient les théories constitutionnalistes, les individus étaient considérés comme des corps robustes ou chétifs. On demandait aux infirmières de toiletter les enfants et de bien les nourrir en évitant toute relation affective. Dans un tel contexte culturel, l'attachement était difficile à penser. Ces enfants au corps sain mais dont l'affectivité était délabrée par cette pensée collective « [...] poussaient des grognements ou des cris sans jamais se regarder. Certains demeuraient immobiles, d'autres se balançaient, d'autres encore léchaient les barreaux de leur lit [30] ». Vingt ans plus tard, les nombreuses expérimentations éthologiques expliquaient à quel point

---

30. E. Roudinesco, préface à Jenny Aubry, *Psychanalyse des enfants séparés*, Paris, Denoël, 2003, p. 26.

l'affection est une véritable biologie périphérique, une sensorialité de gestes, de cris, de mimiques et de mots qui entoure l'enfant, une nourriture affective qui anéantit les enfants qui en sont privés [31]. C'est alors qu'apparaissent « [...] les symptômes discrets ou dramatiques dont souffre l'enfant séparé de sa famille et privé de soins maternels [32] ». Les travaux de René Spitz sur l'hospitalisme, John Bowlby sur les enfants séparés de leur mère, Donald Winnicott sur la carence affective, Anna Freud et Dorothy Burlingham sur les orphelins et les sans-famille ont été enseignés dans toutes les facultés de médecine et de psychologie. « Rien n'est joué d'avance », disait déjà Jenny Aubry qui a rencontré Anna Freud et travaillé avec John Bowlby, psychanalyste, éthologue et impulseur de recherches sur la résilience [33].

Au début, il a fallu convaincre de nombreux responsables administratifs et politiques que le fait de ne pas s'occuper de ces petits carencés les mènerait à la délinquance ou à une sorte d'autisme. Et puis soudain la culture a trop bien accepté cet argument et la carence affective est devenue l'explication de tous les troubles. Cinquante ans plus tard, certains penseurs fixistes attribuent encore un destin fatal à ces enfants mal partis, stigmatisés par leur traumatisme. Ceux qui pensent ainsi rejoignent le bataillon des politiciens qui disent : « Ces enfants

---

31. Bilan de ces expériences *in* B. Cyrulnik, *Sous le signe du lien*, *op. cit.*

32. J. Aubry, « La carence de soins maternels », *ibid*, p. 26-28.

33. J. Bowlby, « L'avènement de la psychiatrie développementale a sonné », *Devenir*, vol. 4, n° 4, 1992, p. 21.

ne méritent ni l'eau ni le pain qu'on leur donne en prison [34]. »

Il est difficile d'établir une relation de cause à effet à si longue échéance. Si l'on ne fait rien, il est clair qu'un groupe d'enfants abandonnés fournira plus de délinquants qu'un groupe d'enfants entourés. Mais est-ce que la délinquance s'enracine dans la carence affective ou dans la socialisation catastrophique de ces enfants abandonnés ? Michael Rutter a eu l'idée de suivre l'évolution d'un groupe d'enfants carencés parce que leurs parents, malades mentaux, n'avaient pas la force de s'en occuper. Ces enfants, privés d'affection mais non désocialisés grâce à l'aide sociale que recevait leur famille, ne sont pas devenus délinquants [35]. Mais leur style d'attachement fortement altéré par la souffrance des parents a induit un développement difficile dont certains se sont sortis, au prix d'une stratégie coûteuse.

« J'ai plus souffert de la perte d'amour que des coups de ma mère, me disait Carlotta. Son manque d'attention me laissait seule au monde. Je ne pouvais même pas apprendre à m'habiller ou à me coiffer puisqu'elle ne me faisait aucune remarque. » Dans son désespoir affectif, une étoile brille encore dans la nuit de Carlotta : « J'aurais voulu aimer plus mon père. Lui se laissait aimer. Mais il n'était pas là. Un jour, je me suis fait cajoler en disant que j'avais mal au ventre. Mon père a eu peur de l'appendicite. J'étais heureuse de voir son inquiétude. Je me suis laissé

---

34. Témoignage de Marie-Rose Moro reçue par une ministre de la Famille en Amérique du Sud pour parler des enfants des rues.
35. M. Rutter, « La séparation parents-enfants, les effets psychologiques sur les enfants », *Psychiatrie de l'enfant*, 1974, XVII, 2, p. 479-514.

opérer. Je savais que c'était pas vrai. J'avais 8 ans. Aujourd'hui, ça m'angoisse de me faire aimer de cette manière. »

Une constellation privée d'étoile

Quand l'étoile majeure d'une constellation affective s'éteint, comme dans le cas de cette mère maltraitante, l'enfant s'accroche à toute étoile qui brille encore, mais il apprend un style affectif particulier.

La maltraitance donne un repère comportemental facile à penser, du moins dans notre culture. Mais, quand la déchirure est insidieuse, les troubles de l'attachement ne sont pas moins grands. Agathe dit : « Je me balançais jusqu'au vertige. Je ne pouvais pas me permettre de m'attacher à ma nourrice. Ma mère en était jalouse. Gentille à la maison, elle était sèche chez ma nourrice et me faisait comprendre qu'aimer cette nourrice était une faute grave. J'ai cessé de me balancer le jour où l'on a placé mon frère chez cette nourrice. Il me disait : "On restera ensemble et on se mariera." » Le monde d'Agathe était déchiré par un choix impossible où elle devait se priver elle-même d'affection pour ne pas trahir sa mère. Cette carence affective, dite subjective puisque la mère et la nourrice aimaient toutes deux l'enfant, s'enracinait dans le psychisme de la mère qui ne supportait pas que sa fille en aime une autre. Par bonheur, dans cet univers où deux étoiles étaient éteintes, le frère a servi de tuteur de résilience en remplissant quand même le monde intime d'Agathe. Cette proximité affective explique pourquoi il y a moins de suicides dans une population de jumeaux que dans la population générale et que les couples surmontent plus facilement les épreuves de la vie que les célibataires.

Ce qui compte, c'est une présence affective. Même muette, elle est efficace. C'est pourquoi tant d'enfants carencés surinvestissent un animal familier : « C'est mon chien qui me réconforte. Je pense à lui quand je suis malheureuse. Je lui parle pendant des heures. » Joëlle était pourtant mariée depuis cinq ans, mais la présence familière du chien était marquée dans sa mémoire comme une empreinte. La jeune femme disait : « À chaque chagrin, c'est auprès de lui que je me console. Un chien est plus facile à aimer qu'un mari. » En fait, elle attachait une telle importance à l'affection que la moindre défaillance provoquait en elle une angoisse de perte et son chien, lui, répondait toujours quand elle lui faisait une demande affectueuse.

« "Mon enfant!" dit le vieux monsieur en se penchant au-dessus de son bureau. Oliver sursauta au son de cette voix ; il en était bien excusable, car les mots étaient dits avec bonté et ces mots inhabituels font peur. Il se mit à trembler violemment et éclata en pleurs[36]. » Charles Dickens nous explique qu'une bonté inhabituelle peut faire peur ! On est loin des raisonnements linéaires où, constatant qu'une carence affective cause des troubles graves, on en conclut aussitôt, dans une sorte de pensée automatique, qu'il suffirait d'aimer beaucoup pour supprimer les souffrances. L'idée que nous propose Oliver Twist est bien différente. Les nuances de la vie nous sug-

---

36. C. Dickens, *Oliver Twist* (1838), Paris, Gallimard, 1973, p. 37.

gèrent qu'un enfant misérable, sans relations affectives, travaillant dix heures par jour dans une usine à cirage de l'Angleterre du XIXᵉ siècle, a éprouvé un grand désespoir en recevant une marque d'affection inhabituelle dont il avait pourtant le plus grand besoin. Carlotta complète cette idée : « Dès qu'on m'aime, j'attache tellement d'importance, je désire tellement les satisfaire que ça m'angoisse de les décevoir. Alors je rejette ceux qui m'aiment. Si on me rejette, ça me désangoisse et ça me sera plus facile de mourir. » Dans son langage de tous les jours, elle me disait que l'amour l'angoissait et que le non-amour la faisait glisser sans angoisse... vers la mort !

Le jour où un homme l'a aimée, Carlotta est devenue agressive avec lui. Puis elle fut désespérée de le rendre malheureux. Elle ne comprenait pas pourquoi, si gentille avec sa mère qui l'avait maltraitée, elle rendait pitoyable l'homme qui voulait tant l'aimer. Elle n'aimait pas sa mère et adorait cet homme mais, n'ayant pas appris à maîtriser son affectivité, elle ne savait pas lui donner une forme d'amour relationnellement acceptable. Sa gentillesse envers sa mère n'était qu'une stratégie de désarmement de l'adversaire, et sa brutalité envers l'homme qu'elle aimait n'était qu'une réaction à l'angoisse que provoquait l'amour.

Beaucoup de comportements surprenants sont en fait le résultat d'un apprentissage insidieux de styles d'attachement acquis pendant l'enfance. Jean-Marie écrit : « Je regardais son corps, au demeurant ravissant... elle me susurra à l'oreille : "Oh ! toi, tu vas me faire jouir..." Jouir, ce mot me terrifia, j'en ignorais les douceurs... je partis en courant sans me soucier de sa déconvenue. Si je la revois un jour, je lui demanderai pardon [37]. » Le temps d'apprendre à vivre résume en quelques mots l'espoir qu'apporte la résilience. On peut toujours apprendre à vivre ou réapprendre si l'on a été mort. Ce n'est que plus tard qu'« il sera trop tard [38] ».

Des enfants gâtés comme des fruits

Un enfant gâté peut apprendre une manière d'aimer qui explosera lors de son adolescence dans un comportement illogique. Cette malformation affective est attribuable à un manque d'affection aussi bien qu'à un excès. D'ailleurs, on ne peut parler d'excès que lorsqu'on observe de l'extérieur une relation entre un parent et son enfant. Comme dans un film, on voit le parent se consacrer à son petit, ne penser qu'à lui, le couvrir de cadeaux et organiser toute sa vie d'adulte en fonction des jeux et des plaisirs de l'enfant. Mais quand on essaie de se représenter ce qu'éprouve le petit, on comprend que, dans son monde intime, être aimé de cette manière, c'est être empêché d'apprendre à aimer quelqu'un d'autre, c'est une capture affective. L'excès d'affection n'est pas une pléthore, au contraire même, c'est une prison qui provoque une sorte de carence. Un tel engourdissement n'est pas très différent de la privation affective qu'éprouvent les enfants abandonnés. Ladite pléthore crée un appauvrissement, car l'abondance des stimulations provoque une monotonie

---

37. J.-M. Périer, *Le Temps d'apprendre à vivre*, Paris, XO, 2004, p. 92.

38. L. Aragon, *Il n'y a pas d'amour heureux*, in *La Diane française*, Paris, Seghers, 1946.

sensorielle qui endort l'âme et empêche le désir. Le manque d'affection désespère et tue le sens à vivre, mais la prison affective assoupit et démolit le plaisir d'explorer : « Chaque fois que ma mère était gentille, je l'envoyais promener parce que sa manière de m'aimer m'encerclait. » Ce mode affectif asphyxie les apprentissages de la vie quotidienne : « Quand on m'entourait trop, j'éprouvais une oppression. Ma mère m'a coupé ma viande jusqu'à 14 ans et ma grand-mère jusqu'à 19 ans. À l'adolescence, pour me sentir mieux, j'ai dû les décourager... Je me suis fait échouer, je les ai agressées, maintenant, elles sont écœurées, elles me laissent : "C'est ta vie", ça me libère, c'est plus léger. »

Quand les enfants traumatisés rêvent de devenir des parents parfaits afin de donner ce qu'ils n'ont pas reçu, ils ne savent pas qu'il n'y a rien de plus imparfait qu'un parent parfait. Une erreur, un ratage en révoltant l'enfant lui apprennent le courage d'affronter. Une bévue parentale l'invite à l'autonomie : « C'est à moi, maintenant, de m'occuper de moi puisque ma mère se trompe. Mes parents avaient pour moi une affection démesurée. Ils m'adoraient. J'aurais préféré qu'ils m'aiment. J'aurais voulu être mal élevée, être fessée un peu, ça m'aurait permis une révolte. Au lieu de ça, mon quotidien était insipide car mes parents faisaient tout pour moi. »

Quand un enfant survit dans un milieu dépourvu d'affection, il devient le seul objet extérieur à lui-même. Puisqu'il n'y a pas d'altérité, il n'y a ni extérieur ni intérieur, il se développe en se centrant sur lui-même. Aimer un autre signifie pour lui « angoisse de l'inconnu ». Quand, à l'inverse, un enfant est gavé par un milieu de pléthore affective, il apprend lui aussi à devenir le centre du monde puisqu'il n'a pas besoin de découvrir l'espace inté- rieur des autres. Il n'y a pas d'altérité, là non plus, donc pas de sujet. L'affection, pour lui, signifie « prison du connu » et « indifférence pour l'inconnu ». Un tel disposi- tif affectif assassine le désir.

Ces deux impasses affectives, apparemment oppo- sées, qui pourtant toutes deux procèdent de l'appauvrisse- ment, amènent à se demander ce que ces manières d'aimer apprennent à ceux qui sont ainsi aimés. Les enfants placés en isolement affectif finissent toujours par augmenter leurs comportements autocentrés (balance- ments, autoagressions, masturbations). Ils s'adaptent à la privation et souffrent moins en devenant indifférents. Une simple présence non verbale, suffisamment stable pour devenir familière, peut modifier l'expression de leurs émo- tions. Les enfants se remettent à vibrer et à s'ouvrir aux autres, parfois même avec une intensité excessive de rage ou d'attachement angoissé [39]. En surinvestissant tout lien avec leurs substituts parentaux puis, plus tard, avec leurs amis, leur conjoint et leurs propres enfants, ils peuvent travailler à leur propre résilience. Cette fièvre affective imprègne dans le partenaire une sensation particulière qui souvent l'exaspère, mais peut aussi lui plaire en lui donnant la fonction d'un tuteur de résilience.

Les prisonniers de l'affect qui se sont développés en surcharge affective deviennent eux aussi autocentrés, parce qu'ils n'ont pas besoin d'investir un autre. Il n'y a pas de trauma visible pour eux. Rien n'est fracassé

---

39. M. David, *Le Placement familial de la pratique à la théorie*, Paris, ESF, 1989, p. 44.

puisqu'ils n'ont rien construit. C'est un équivalent d'effondrement traumatique mais sans effondrement. Quand les carencés disent : « On ne m'a rien donné et, malgré tout, j'arrive à me construire un peu », ils éprouvent un sentiment de petite victoire, un début de résilience. Mais lorsque, étouffés d'amour, ils pensent : « On ne m'a pas armé pour la vie... On m'a tout donné et je n'en ai rien fait... », ils éprouvent un sentiment d'autodévalorisation qu'ils ne peuvent soulager qu'en agressant leurs proches. La résilience est difficile pour eux parce que l'agresseur dévoué ne sera identifié que plus tard, à l'adolescence. Ne sachant qui affronter, ils se défendent moins bien et ne parviennent à se personnaliser qu'en s'opposant.

La curieuse liberté des nourrissons géants

La carence affective apprend une manière d'aimer qui peut évoluer sous l'effet des rencontres, alors que la prison affective imprègne une tendance relationnelle qui semble plus durable. Des parents vulnérables trop attachés à leurs enfants fabriquent des petits vieux qui s'adaptent à de tels tuteurs de développement en devenant parents de leurs parents [40]. Mais, quand une affectivité dite pléthorique entoure un enfant, elle est un symptôme de vulnérabilité parentale qui tutorise un autre type de développement et fabrique un nourrisson géant [41]. Il semble que notre

---

40. B. Cyrulnik, *Le Murmure des fantômes*, Paris, Odile Jacob, 2002, p. 110-114 ; et J.-F. Legoff, *L'Enfant, parent de ses parents*, Paris, L'Harmattan, 2000.
41. J. Plaquevent, *Le Premier Droit de l'enfant*, Paris, De Fallois, 1996, p. 109-119.

monde moderne, à la fois technique et psychologique, induise de tels développements en relativisant l'identification aux modèles parentaux et en organisant des familles et des sociétés aux attachements multiples et brisés. La technologie qui permet aux parents de travailler au loin et organise des attachements brefs et variés supprime les rapports de personne à personne et ne permet plus aux adultes de marquer leur empreinte dans la mémoire des petits. Ces nourrissons géants, bien entourés socialement et matériellement, restent charmants, avides, passifs et craintifs, alternant le bonheur du biberon avec la colère de la frustration. Cette situation est différente de celle d'un système à polyattachement où les liens, suffisamment durables, s'imprègnent dans la mémoire des enfants. Dans la prison affective, un seul lien permanent engourdit l'enfant et l'isole du monde. Alors que, dans un désert affectif, il reçoit de temps à autre une petite empreinte chaleureuse. Ces deux systèmes sont proches : l'enfant ne peut grappiller de-ci de-là que quelques échantillons d'affection.

Comme dans toute carence, lorsque le surgissement de l'appétence sexuelle pousse ces adolescents vers la rencontre, ils ont peur de devenir dépendants de ceux qui veulent bien les aimer.

John Bowlby a été l'un des premiers à tenter de comprendre ce problème paradoxal : ces enfants « centres du monde » se développent comme des carencés affectifs et arrivent à l'âge du couple en se soumettant à l'autre. Ce psychanalyste anglais cite l'étude [42] d'un petit groupe de

_____

42. C. B. Stendler, « Possible causes of overdependency in young children », *Child Dev.*, 25, 1954, p. 125-146.

vingt-six enfants âgés de 6 ans qui étaient tellement anxieux qu'ils ne pouvaient se détacher de leur mère. Certains adultes interprétaient ces comportements comme une preuve d'amour : « Mon Dieu ce petit, comme il aime sa maman. » D'autres s'en inquiétaient : « Toujours dans les jupes de sa mère... » Six de ces enfants affectivement dépendants venaient de foyers stables où la mère « faisait tout pour l'enfant ». Quatorze venaient de familles instables où l'on déplaçait les petits comme des balles de ping-pong entre la mère, la grand-mère, les voisins, les amis et les gardiens professionnels. Onze de ces quatorze enfants avaient acquis un attachement angoissé par quasi-impossibilité temporelle de tisser un lien[43]. Dix-sept enfants sur vingt-six avaient acquis une manière d'aimer dépendante, soit parce qu'on les isolait en les étouffant d'affection (6/26), soit parce qu'on les empêchait d'aimer en les confiant à des intermittents de l'attachement (11/26) comme le privilégie notre système social actuel. En suivant jusqu'à l'adolescence ces enfants qui n'avaient pas pu apprendre l'attachement sécure qui permet d'aimer sans se dépersonnaliser, les chercheurs ont constaté qu'ils établissaient avec leurs copains et leur premier amour le même type de lien : « Il est merveilleux. Il sait tout mieux que moi. Je ne peux que le suivre. » Ces ados craintifs ne parvenaient à éviter l'angoisse incestueuse qu'en se soumettant à un copain ou à un amant ! Ils croyaient devenir autonomes en obéissant à un compagnon, afin de quitter leur famille d'origine. Ces ados s'infériorisaient : « Je ne me sens sécurisé qu'avec quelqu'un que j'aime dont je vais

---

43. J. Bowlby, *Attachement et perte*, tome II, *Séparation, angoisse et colère*, Paris, PUF, 1978, p. 318-319.

épouser les comportements et les valeurs idéologiques afin de rester près de lui (elle). » Tous les ados qui avaient « choisi » cette étrange autonomie avaient été des enfants qui souffraient de la peur de perdre [44], comme s'ils avaient pensé : « En me soumettant, je reste près de celui (celle) que j'aime. Je me sens sécurisé(e) et je peux quitter mes parents sans éprouver l'angoisse de me retrouver seul dans un désert affectif. » La liberté acquise grâce à la soumission, tel est le paradoxe des nourrissons géants. C'est peut-être ce qui explique l'étrange choix de ces jeunes gens bien élevés, bien entourés par des parents généreux qui, soudain, décident d'entrer dans une religion intégriste ou un parti extrême. Ils affirment : « C'est mon choix de porter le voile », comme s'ils disaient : « C'est ma liberté de me mettre en prison. » Une minorité de ces ados ont subi de réelles séparations, des pertes répétées ou des deuils incessants. Mais la majorité d'entre eux ont connu une enfance fusionnelle qui les a empêchés de se personnaliser. Alors ils ont découvert l'ersatz du voile ou du slogan extrême qui les a engagés socialement et leur a permis de s'arracher à leur famille d'origine tout en demeurant dans un groupe social proche. Ces adolescents qui étaient sécurisés par un agrippement anxieux ne peuvent lutter contre l'inceste que par un choix extrême : grâce à leur soumission, un autre est toujours près d'eux.

Le carencé affectif se subordonne afin de rester au contact de celui (celle) qui veut bien l'aimer. Et celui (celle) qui a connu la « pléthore » affective cherche à s'assujettir à un attachement extérieur au foyer d'origine

---

44. J. Newson, E. Newson, *Four Years Old in an Urban Community*, Chicago, University of Chicago Press, 1968.

afin de s'arracher à l'angoisse de l'inceste tout en évitant d'éprouver l'angoisse de l'inconnu.

Freud, dans sa théorie des enfants gâtés, parlait de « parents névropathes qui, comme on le sait, sont enclins à une tendresse démesurée, qui éveille par leurs caresses les prédispositions de l'enfant à des névroses [45] ». Il ne s'agit donc pas d'un excès d'affection parentale, mais de l'apprentissage non conscient d'une angoisse de perte. Quelque chose se transmet dans le réel insidieux des actes quotidiens. Qu'il s'agisse d'une perte réelle par mort, maladie, éloignement ou d'un surinvestissement par compensation, dans les deux cas apparemment opposés, cette altération de la manière d'aimer provoque un appauvrissement du réel sensoriel. Le « comment » du comportement parental, leur manière de toucher, de sourire, d'attirer ou de repousser, façonne le développement de l'enfant plus que le « pourquoi », qui a entraîné l'isolement ou la fusion affective. Des « pourquoi » opposés peuvent provoquer un même « comment » : « J'ai honte de détester mon enfant, alors je vais énormément m'en occuper » compose un même univers sensoriel que : « Je ne me sens bien qu'en m'occupant de mon enfant », ou : « Je vais tout lui donner, moi qui n'ai rien reçu. » Dans tous ces cas, le monde sensoriel qui tutorise le développement de l'enfant est altéré.

Pour relancer un processus de résilience chez ces enfants déchirés par un traumatisme insidieux, il faut agir sur l'enfant autant que sur son entourage. Il faut sécuriser la mère afin qu'elle utilise un autre outil que son enfant

---

45. S. Freud, *Trois Essais sur la théorie sexuelle*, Paris, Gallimard, 1987.

pour se rassurer. Souvent c'est le mari qu'il faudra impliquer en invitant la mère à découvrir que lui aussi est une personne et en demandant à cet homme de participer aux travaux quotidiens, de façon à enrichir la sensorialité et ouvrir la prison affective. « Il peut donc y avoir bon espoir non seulement d'aider ceux qui ont grandi dans l'insécurité, mais d'éviter que cela se transmette à d'autres », écrit John Bowlby [46].

Les enfants font la loi

Or, quand la technologie modifie la culture, comme cela est en train de se faire dans le monde entier, les pressions culturelles ne structurent plus les familles de la même manière. La mort du *pater familias* provoque une inversion de la dette de vie. Ce n'est plus l'enfant qui doit la vie à ses parents, c'est lui, au contraire, qui donne sens au couple parental. Ce n'est plus le père qui énonce l'interdit, c'est l'enfant [47]. Du simple fait de sa venue au monde, il interdit la séparation de ses parents ou plutôt il leur ordonne de faire un effort pour rester ensemble. Il y a deux générations, les femmes voulaient donner un enfant à leur mari. Aujourd'hui, elles veulent donner un père à leur enfant. C'est autour du petit que se mettent en chantier les valeurs familiales. Cette « passion de l'enfance » qui organise les milieux affectifs des petits Américains et qui vient de débarquer en Europe engendre des nourris-

---

46. J. Bowlby, *Attachement et perte*, tome II, *op. cit.*, p. 323.
47. F. Hurstel, « Psychopathologie ordinaire du lien familial. Enfant sujet, parents objets ? », *Le Journal des psychologues*, n° 213, janvier 2004, p. 21.

sons géants au narcissisme hypertrophié : « C'est lui qui désormais fait autorité[48]. » « L'enfant englué dans une impossible séparation, contraint à être satisfait, voire enfermé dans une impossible dette pour tenter son autonomisation envers et contre des parents irréprochables, ne va pouvoir montrer sa différence que dans une violence de refus[49]. » Cette violence mène parfois à des situations terrifiantes mais révélatrices d'une culture qui, désirant supprimer toutes les épreuves du développement normal, prive l'enfant du sentiment de victoire et inflige à la famille un désastre affectif : je veux parler des parents battus.

« Il y a dix ans, lorsque nous avons découvert avec stupéfaction des adultes réduits à merci par les menaces et les coups de leurs propres enfants, notre témoignage a rencontré le scepticisme de nos collègues et l'incrédulité du public[50]. » Ce scepticisme est la règle chez ceux qui ne savent voir que ce qui est raconté dans les récits publics. Notre système scolaire encourage cette manière de se servir de son intelligence puisqu'il donne une promotion à ceux qui savent réciter. Ce qui existe dans le réel et n'existe pas dans la représentation de ce réel ne peut pas être vu par ces trop bons élèves qui ne voient que ce qu'ils savent. Les revenants des camps de la mort ont eu du mal

---

48. D. Marcelli, *L'Enfant, chef de famille. L'autorité de l'infantile*, Paris, Albin Michel, 2003, p. 254-257.
49. S. Lesourd, « La "passion de l'enfance" comme entrave posée à la naissance du sujet », *Le Journal des psychologues*, n° 213, janvier 2004, p. 22-25.
50. J.-P. Chartier, L. Chartier, *Les Parents martyrs*, Toulouse, Privat, 1989.

à dire ce qui s'était passé[51]; Michel Manciaux raconte comment les membres de l'Académie de médecine ont douté de la réalité des cas d'enfants maltraités; Marceline Gabel et le juge Rosensveig témoignent de leurs disputes avec de grands noms de la psychanalyse qui soutenaient que l'inceste n'existait pas dans le réel et constituait simplement la réalisation fantasmatique d'un désir.

En une seule génération, le phénomène des parents battus s'est mondialisé. Aux États-Unis, 25 % des appels téléphoniques adressés aux associations contre la maltraitance sont donnés par des parents battus. En France et au Québec ce chiffre, très élevé, indique la réalité du fait autant que sa difficulté à en parler puisque les victimes éprouvent le besoin d'appeler au secours, mais refusent souvent d'aller au commissariat pour déposer plainte contre leurs propres enfants. Les premiers à signaler ce problème furent les Japonais : « [...] garçons et filles à l'adolescence deviennent... ingouvernables[52]. » Un enfant câlin, bon élève, conformiste, dont le style d'attachement paraît serein devient soudain violent à la suite d'un incident familial mineur. Il frappe sa mère, exige des cadeaux luxueux et des comportements de soumission : « [...] Détourne les yeux quand tu me donnes à manger... Mets-toi à genoux quand je rentre de l'école. » Ce comportement extrême alterne avec « soudain des

---

51. B. Cyrulnik, « Les muets parlent aux sourds », *in* « La mémoire de la Shoah », *Le Nouvel Observateur*, numéro hors série, janvier 2004.
52. Kiyoshi Ogura (1980), « Alternance de séduction, de symbiose et d'attitudes meurtrières des enfants japonais envers leur mère : syndrome d'une ère nouvelle ? », *in* E. J. Anthony, C. Chiland, *Prévention en psychiatrie de l'enfant en un temps de transition, op. cit.*, p. 319-325.

régressions infantiles, des pleurs... des exigences d'être nourri avec des liquides ». La croissance, au Japon, de ces nourrissons géants s'expliquait par l'intensité du bouleversement socioculturel qui avait transformé les structures familiales et surinvesti l'enfant, adoré dans la famille et terrorisé par l'école. La technologie donnait aux femmes plus de loisirs et plus de pouvoir... et le mari travaillait plus longtemps pour gagner plus d'argent afin d'assurer à la famille plus de luxe et de commodité [53]. Le bouleversement technologique et la modification des mœurs avaient disposé autour du « grand-petit » un modèle qui le menait à ignorer que son père travaillait pour lui et lui faisait croire que sa mère passait son temps à s'amuser.

Le même phénomène a eu lieu en Chine où la loi sur l'enfant unique a métamorphosé, dès la génération suivante, le développement des chérubins pour en faire des tyrans domestiques très malheureux. En une seule génération, le nombre de garçons hyperactifs a incroyablement augmenté, épuisant l'entourage. Les enfants devenaient obèses et suicidaires, désespérés par l'absence de tout projet d'existence [54].

Quand l'amour donne tous les droits

D'habitude, les frères et les sœurs établissent entre eux des méthodes vigoureuses qui leur apprennent à limiter l'expression de leurs désirs. Mais un enfant unique ou

53. *Ibid.*, p. 323.
54. M.-C. Holzman, Journées de l'UNICEF, Paris, 17 avril 1996.

surinvesti perd cet apprentissage de l'inhibition [55]. Quand
le père est absent, mort, ou travaille trop, quand la mère
décide de consacrer sa vie à son grand-petit, les rituels
quotidiens qui d'habitude apprennent à l'enfant l'art de ne
pas tout se permettre n'existent plus. L'acte devient une
satisfaction immédiate et non plus la préparation d'un
projet. Manger, dormir, jouir et frapper remplissent
désormais le monde mental d'un adolescent dont le milieu
a supprimé les apprentissages inhibiteurs.

Ce phénomène apparaît régulièrement dès la génération qui suit un grand bouleversement technique et culturel. Les chiffres sont encore imprécis puisqu'ils dépendent
en partie de la définition mais, dans l'ensemble, on l'évalue à 5 à 16 % aux États-Unis [56], 4 % au Japon [57] et 0,6 %
en France [58].

En nous groupant de façon à rassembler nos observations éparses, nous avons fini par constituer une cohorte
de plus de cent parents battus par leurs adolescents [59].
Nous avons décidé de ne pas inclure dans cette recherche
les parents battus par un enfant psychotique chez qui
l'image du père est incertaine, ni les parents âgés maltrai-

---

55. G. Wahl, *Epsylon*, Labos Boots-Darcour, n° 4, 1989.

56. M. J. Paulson, R. H. Coombs, J. Landsverk, « Youth who
physically assault their parents », *J. Fam. Violence*, 1990, 5, 2, p. 121-
133.

57. S. Honjo, S. Wakabayashi, « Family violence in Japan : a
compilation of data from the department of psychiatry », Nagoya,
1998, cité *in* référence suivante.

58. M. Dugas, M.-C. Mouren, O. Halfon, « Les parents battus
et leurs enfants », *Psychiatrie de l'enfant*, 1985, 28, p. 185-220.

59. B. Cyrulnik, A. Alameda, P. Reymondet, « Les parents battus : de la séduction à la soumission », *in* M. Delage, congrès de neurologie et de psychiatrie de langue française, Toulon, 14 juin 1996.

tés par leurs enfants adultes, ni les matricides ou parricides où l'acte violent n'a plus l'occasion de se répéter.

Chez les maltraiteurs, les filles ont obtenu des performances presque égales à celles des garçons (40 % et 60 %). Ce qui n'est pas l'avis d'une équipe grenobloise[60] qui trouve trois fois plus de garçons. Soixante pour cent des ados maltraiteurs ont réussi leur bac, 50 % ont fait des études supérieures, et 5 % sont devenus professeurs d'université. La plupart de ces ados maltraiteurs, après quelques années d'enfer, ont été éloignés de leur famille dans des internats, des locations de studio, ou chez une famille amie.

On trouve très peu d'enfants adoptés. Les rares maltraiteurs adoptés avaient eu un développement affectif comparable à celui des maltraiteurs de familles naturelles. Ils ont presque tous été des enfants conformistes anxieux avant de devenir des adolescents inconscients de leurs cruelles exigences : « [...] insupportables en famille et adorables à l'extérieur... jusqu'à la violence physique en famille et, en cas de sanction par les parents, ils vont se plaindre d'être maltraités...[61] » Ce n'est donc pas l'adoption qui fait la différence, c'est le développement d'un enfant conformiste par anxiété qui devient un adolescent inconsciemment tyrannique.

Les parents maltraités sont très âgés. Presque tous ont un niveau social élevé, avec un chiffre étonnant de juristes (30 %) suivis par les médecins et les psychologues

---

60. A. Laurent, J. Boucharlat, A.-M. Anchisi, « À propos des adolescents qui agressent physiquement leurs parents », *Annales médico-psychologiques.*, 1997, 155, n° 1.
61. C. Delannoy, *Au risque de l'adoption. Une vie à construire ensemble*, Paris, La Découverte, 2004, p. 88.

(20 %). Pratiquement tous les parents maltraités étaient fortement diplômés et avaient annoncé, leur intention d'élever leur enfant de manière démocratique[62]. Nous avons trouvé 20 % de femmes seules, ce qui est beaucoup, alors que les Chartier en notent 60 %. La variation du chiffre dépend du lieu où l'on recrute l'information : dans un cabinet privé, les couples de parents consultent moins difficilement, alors que dans un centre pour adolescents difficiles les mères isolées, en désespoir personnel et social, sont plus couramment recrutées.

Amère liberté. Comédie en trois actes

Quand une femme met au monde un enfant, « la folie amoureuse des cent premiers jours » dont parle Winnicott constitue un moment de capture réciproque où chacun « apprend l'autre » très vite, tant il y est sensible. Dès cet instant, le système familial empêche la mise en prison affective grâce à la présence d'un tiers, le père ou la grand-mère. Plus tard interviendront la crèche, l'école et le quartier puis, à l'adolescence, l'université ou le travail. Une mère dite « seule » peut ne pas être isolée si, autour d'elle, son existence a disposé un autre homme, une grand-mère, des amis et des institutions. Une telle mère seule ne se met pas en prison avec son enfant et ce foyer monoparental n'est pas toxique.

---

62. L. Keltikangas-Jarvinen, « Attributional style of the mother as a predictor of aggressive behavior of the child », *Agress. Behav.*, 1990, vol. 1, p. 1-7.

À l'inverse, un couple parental peut constituer un foyer clos, sans rituels, sans invitations amicales, sans aventure sociale, comme on le voit souvent dans les foyers à transactions incestueuses. Même quand il n'y a pas d'actes de transgression, une telle proximité physique et affective crée un parfum d'inceste, une ambiance incestueuse dont le jeune tente de se libérer par la haine ou la violence physique.

Tous les adolescents maltraiteurs que nous avons rencontrés n'avaient pas eu l'occasion d'expérimenter cet effet séparateur. Arrivés à l'âge de l'appétence sexuelle, ils vivaient dans un monde curieusement structuré où ils avaient à faire un choix insupportable, entre un milieu familial qui les protégeait jusqu'à la nausée et une aventure sociale qui les effrayait jusqu'à la paralysie anxieuse. Contrairement au stéréotype culturel qui récite qu'un enfant maltraité deviendra un parent maltraitant, un grand nombre de ces parents beaucoup trop permissifs et regorgeant d'amour avaient été eux-mêmes des enfants maltraités (58 %). Un tel couple parental, en surinvestissant l'enfant à cause de sa propre histoire douloureuse, avait construit, sans le vouloir, une prison affective !

Le surgissement du désir sexuel oblige les jeunes à quitter leurs parents sous peine d'éprouver des angoisses terrifiantes. Mais quand, autour des mères, la culture a disposé un père, une famille, un quartier et une société pour éloigner le jeune en l'invitant à poursuivre son développement et à tenter une aventure au-dehors de sa famille d'origine, la prison affective n'a jamais eu la possibilité de se construire. Ainsi séparé et individualisé, l'adolescent peut continuer à aimer sa mère tranquillement, d'un attachement dépourvu d'appétence sexuelle, tout en apprenant à aimer une autre femme d'une autre manière. Même cheminement pour l'adolescente qui, grâce à ce processus d'éloignement, de séparation-individualisation, n'aura pas la possibilité de penser que son père la désire ou que sa mère l'empêche d'aimer quelqu'un d'autre.

Quand l'histoire des parents ou le contexte social les mène à construire un champ clos affectif, c'est sur la haine que repose l'effet séparateur. Parfois la mère est héroïque et le père sacrifié. Ce mécanisme de capture affective empêche tout dégagement et fabrique un cocon exaspérant, entouré d'un contexte social menaçant. Dans une telle situation, l'adolescent se réfugie dans l'étouffoir familial parce que l'alentour social est menaçant ou désert. Gavé dans sa carence dorée, il ne peut pas éprouver le manque et le remplir de rêves, d'aspirations et de désirs. Ce genre de réel assassine l'espoir. Le plaisir de vivre et le courage de se bagarrer n'ont plus aucun intérêt. Alors, quand le jeune arrive à l'âge du sexe, englué dans son passé et sans rêves d'avenir, les parents deviennent des désenchanteurs : « Vous ne m'avez pas armé pour la vie, vous avez fait de moi un assisté », reproche-t-il à ceux qui lui ont tant donné. Le nourrisson géant, mis au monde par notre culture technique et l'idolâtrie de l'enfance, devient tyran domestique et soumis social. La gentillesse morbide de ses parents a eu l'effet d'une relation d'emprise et cette manière d'aimer a provoqué en lui un contresens affectif : « Mes parents m'angoissent en me donnant tout. Eux seuls savent vivre. Moi je ne sais que recevoir. »

Honorine m'expliquait comment le désir de sa mère d'être irréprochable avait fait naître en elle la haine, après l'idylle des premières années : « Elle me préparait un bol le matin et mettait mon pyjama au four le soir avant de me coucher. J'attendais tout d'elle. Je l'adorais. Tout d'un coup, à 12 ans, je l'ai haïe. J'étais mauvaise en orthographe, c'était de la faute de ma mère puisque j'attendais tout d'elle, elle n'avait qu'à me faire donner des cours, elle ne l'a pas fait. C'est à cause d'elle que j'étais mauvaise. » José, lui aussi, a connu ce renversement de l'amour à la haine : « Ma mère était tout pour moi. J'étais toujours contre elle. À 12 ans, je l'ai sentie intrusive : "T'as des poils déjà !" En entrant dans ma sexualité, elle a provoqué ma répulsion. J'ai dû la repousser. Elle continuait à m'aimer, mais à partir de ce jour elle m'étouffait, elle m'angoissait, c'était l'enfer amoureux. Elle aurait dû mourir pour que je n'aie pas besoin de la haïr. » Vingt ans plus tard, Honorine et José ont découvert que le comportement envahissant de leurs parents était la conséquence de leur propre histoire : « Je ne savais même pas que ma mère avait été maltraitée », m'a dit Honorine, tandis que José m'expliquait : « Je ne les connaissais pas. Je ne savais pas qui ils étaient. J'ignorais ce qu'ils pensaient de la vie. À l'âge de 25 ans, j'ai appris par hasard que ma mère avait perdu sa famille pendant la guerre civile en Espagne, qu'elle avait été emprisonnée quand elle était enfant et avait dû s'enfuir et travailler comme blanchisseuse pour payer ses études. Elle voulait tellement mon bonheur qu'elle ne m'en avait jamais parlé. Je l'aurais aimée autrement si elle m'en avait parlé. En voulant trop me protéger, elle m'a tout gâché... tout caché », a-t-il ajouté, rendu soudain perplexe par ce lapsus.

Comme dans le théâtre classique, la comédie de la prison affective se joue en trois actes. Après l'idylle de l'acte I qui provoque une guimauve identitaire, l'enfer amoureux de l'acte II met en scène la tentative violente et désespérée de l'autonomie. L'amère liberté se joue à l'acte III, quand la mère dit : « Un jour ma fille m'a tapé dessus, le lendemain je suis allée m'acheter des bijoux, moi qui avais passé quinze ans de ma vie à économiser chaque sou pour lui donner. » Une mère soupire : « Le jour où ma fille m'a giflée, j'ai senti quelque chose s'éteindre en moi... Je venais de refuser une promotion de directrice commerciale dans une autre ville pour ne pas la changer de club de danse. Je me suis sentie libre, et terriblement triste. »

Les prisons du cœur

Le pronostic social des adolescents maltraiteurs est particulier. Ils s'engagent souvent dans des métiers où la loi structure la violence : juristes, policiers ou récupérateurs de dettes. Ces tyrans domestiques, qui ont été des enfants conformistes, s'apaisent en devenant adultes dès qu'ils intègrent un système dont ils acceptent toutes les valeurs. C'est encore une forme de soumission car ils adhèrent sans la moindre critique aux discours, aux emblèmes, à la règle du jeu qui leur permet de prendre place dans un système hiérarchique. Même quand ils se prétendent révolutionnaires ou terroristes ils se soumettent à un récit culturel qu'ils apprennent par cœur, mot à mot, en évitant toute pensée qui leur donnerait la liberté de douter. Après avoir été soumis à la capture affective de leur enfance, ils se soumettent d'eux-mêmes à un récit dans lequel ils s'engagent avec soulagement car la prison, qu'elle soit affective ou verbale, leur donne la sécurité qu'apportent les certitudes.

Après s'être laissés faire dans un foyer trop dévoué, ils s'assujettissent à une représentation sociale qui prétend résoudre tous les problèmes à la place des individus. La violence intrafamiliale a été une tentative d'autonomie qui leur a permis de lutter contre l'angoisse incestueuse. Mais, dès que le risque a été dépassé, ces jeunes gens, après avoir été soumis à l'emprise amoureuse de leurs parents, se plient à la culture environnante. Une telle évolution illustre l'antirésilience, puisque le jeune ainsi façonné ne reprend ni sa liberté ni un autre type de développement. Ce cheminement inexorable où le sujet répète ce qu'il a appris, permet de comprendre qu'un trauma-choc, facile à voir et à comprendre met plus aisément en place des facteurs qui permettront la résilience, alors qu'un trauma insidieux inscrit dans la mémoire est une forme d'apprentissage non conscient qui, en inhibant les développements, empêche la résilience.

« Parmi les cinquante jeunes qui, à l'adolescence, sont entrés dans une phase d'opposition, de révolte, de contestation systématique, une vingtaine d'entre eux ont su éviter de basculer dans des passages à l'acte socialement inacceptables... Et puis ils ont mûri, ont trouvé le chemin du travail, de la vie en couple... Ils oublient avoir exprimé tant d'agressivité et de révolte... affirment que tout s'est bien passé... et dénoncent le manque d'éducation des jeunes autour d'eux [63] ! »

---

63. C. Delannoy, *Au risque de l'adoption. Une vie à construire ensemble, op. cit.*, p. 89-90.

Ceux-là ont métamorphosé leurs relations dans un processus de résilience alors que les carences dorées comme dit Michel Lemay ont répété leur soumission pour devenir puissants dans un processus de non-résilience. Le trajet familial et social d'Adolf Hitler illustre le cheminement de ces soumis tyranniques.

Ce qui caractérise les premiers stades de la construction de la personnalité d'Adolf Hitler, c'est le cafouillage de ses origines. Neponemuk, son grand-père, était aussi le grand-père de Klara sa mère [64]. Alois, son père, douanier respecté, avait eu une vie privée particulièrement désordonnée avec trois épouses dont l'une était plus riche et plus âgée que lui et deux autres étaient de la génération de ses filles. Pour qu'Alois puisse épouser Klara, il avait fallu une dispense ecclésiastique car ils étaient cousins germains. « Longtemps après leur mariage, Klara ne peut se défaire de l'habitude de l'appeler "oncle" [65]. » Cet enchevêtrement des structures de parenté, cette « généalogie incestueuse [66] », avait probablement créé dans l'esprit du petit Adolf une représentation cafouilleuse, mal individualisée.

Le foyer de ses premières années baignait dans la douleur de la mort des enfants. Adolf, quatrième enfant de Klara, fut le premier à survivre. Après lui, la mort emporta encore un jeune frère. Alois brutalisait Klara et les enfants, mais restait peu à la maison car sa famille ne l'intéressait guère. Le seul bonheur de Klara fut Adolf qu'elle a surinvesti : « [...] l'affection et la dévotion protec-

---

64. I. Kershaw, *Hitler 1889-1936*, Paris, Flammarion, 1998.
65. *Ibid.*, p. 48.
66. *Ibid.*

trice et étouffante dont elle entoura les deux survivants, Adolf et Paula [67]... », s'associait à celle de Johanna sa sœur cadette, pour surprotéger « l'enfant trop choyé de sa mère [68] ». Le médecin juif de la famille, Eduard Bloch, témoigne : « C'est son amour pour sa mère qui retenait le plus l'attention... je n'ai jamais vu d'attachement plus grand. » Plus tard, dans *Mein Kampf* Hitler précise : « J'avais révéré mon père, mais j'avais aimé ma mère [69]. » Au moment de disparaître dans son bunker, il avait encore sur lui une photo d'elle.

À l'adolescence, ce « douloureux passage », l'autonomie d'Adolf fut tellement difficile que les enseignants s'étonnaient des longs trajets qu'il faisait chaque jour entre le collège de Leonding et la ville de Linz pour ne pas se séparer trop longtemps de sa mère : « L'enfant heureux et joueur de l'école primaire était devenu un adolescent oisif, amer, rebelle, maussade et indécis [70]... », « sa conduite trahissait clairement des signes d'immaturité [71] », écrit Ian Kershaw, l'historien autorisé à travailler sur les archives de Berlin qui, par ces mots venait de décrire un nourrisson géant.

Imaginons qu'Adolf, adolescent passif et soudain explosif, ait vécu en Afrique où un garçon de 14 ans doit s'intégrer dans son groupe en faisant preuve de courage physique, ou chez les Inuits où il aurait dû chasser et pêcher dans la glace puis inventer des jeux pour se socialiser. Supposons qu'il soit arrivé en France parmi les

67. *Ibid.*, p. 49.
68. *Ibid.*, p. 71.
69. *Ibid.*, p. 49.
70. *Ibid.*, p. 58.
71. *Ibid.*, p. 55.

enfants d'immigrés italiens et polonais des années 1930 où, dès l'âge de 12 ans, un garçon devait descendre à la mine sachant qu'il reverrait rarement le soleil ; dans de telles communautés qui exigeaient de leurs jeunes une extrême abnégation physique et un grand art de la relation, Adolf adolescent aurait été sans valeur, car il n'aurait pris aucune signification sociale. Mais dans un contexte historique où le pangermanisme organisait les groupes sociaux structurés par le mépris et les sarcasmes, ce grand garçon « indolent et insolent » a été bien accueilli car il s'est fait porte-parole d'une culture de l'arrogance. L'épanouissement du jeune Adolf Hitler dans un tel contexte sociohistorique met en cause l'idéal du moi que chaque culture propose à ses jeunes, les valeurs qu'elle encourage et qui privilégient les personnalités les plus conformes à ce discours social.

Répéter ou se libérer

Cette réflexion sur l'antirésilience illustre le phénomène de la répétition que constatent les psychanalystes. À l'inverse, le processus de résilience consiste à ne pas se soumettre aux discours des contextes familiaux, institutionnels ou culturels qui prophétisent le malheur : « Avec ce qui lui est arrivé, il est foutu pour la vie... Il n'a pas de famille, comment voulez-vous qu'il fasse des études... Elle a été violée, elle ne peut devenir que frigide ou prostituée... »

Dès les années 1940 pourtant, les psychanalystes avaient distingué le phénomène de la répétition névrotique qui soumet au passé, et le travail de dégagement qui permet de s'en libérer. La compulsion de répétition est un constat clinique fréquent où certaines personnes ne cessent de reproduire la situation qui les fait souffrir, comme si une force les poussait vers ce processus illogique : « Elle retourne dans cette bande où elle va encore être agressée sexuellement... Il a souffert d'être maltraité et souffre aujourd'hui d'être un père qui maltraite... » Freud qui a dévoilé ce phénomène parlait de processus incoercible, d'origine inconsciente, qui ne pouvait pas s'expliquer par le principe de plaisir puisque cette recherche du malheur se mettait au service de la pulsion de mort : « [...] violence absurde de la répétition dans les névroses traumatiques [72]. » On constate en effet qu'après un événement fracassant, certaines personnes ne parviennent plus à résoudre les problèmes de leur vie quotidienne parce qu'elles ne savent plus de quoi elles sont capables, ni comment elles doivent s'organiser. Submergées, elles ne parviennent plus à faire face aux situations qu'elles sont amenées à vivre. Le psychotraumatisme se caractérise par une permanence des images d'effroi qui, le jour, envahissent la conscience et, la nuit, reviennent dans les cauchemars. Le temps s'arrête puisque le blessé éprouve sans cesse l'horreur, « comme si cela venait d'arriver ». Et la personne, malgré elle, répète ce dont elle a souffert, le violenté devient violent, l'humilié provoque l'humiliation. La plupart du temps, ce psychotraumatisme s'estompe quand le blessé reprend sa place dans sa famille et son groupe social. Mais, dans un nombre variable de

---

72. J. Guillaumin, *Entre blessure et cicatrice. Le destin du négatif dans la psychanalyse*, Seyssel, Champ Vallon, 1987, p. 191.

cas, il persiste et empoisonne l'existence. La souffrance qui s'ensuit prend des formes différentes, allant de la dépression « banale » avec désintérêt pour la vie, sentiment physique de tristesse douloureuse, troubles du sommeil, vulnérabilité aux infections, jusqu'à l'apparition d'une toxicomanie ou d'une reviviscence de l'événement déchirant qui, sans cesse, s'impose à sa conscience. Les chiffres eux aussi varient selon le moment de l'enquête, le lieu et la méthode de recueil des déclarations. C'est ainsi que les blessés expriment plus facilement leur souffrance au téléphone qu'en entretien en face à face [73] où, justement, ils veulent sauver la face. Dans l'ensemble, il est habituel de constater que, six mois après un traumatisme, 10 % des blessés souffrent de psychotraumatisme (6 % des hommes et 13 % des femmes). Cette pathologie vient en quatrième place de toutes les souffrances psychiques.

L'explication de ce phénomène dépend de la formation intellectuelle des praticiens. Les psychanalystes ne sont pas à l'aise avec la notion de pulsion de mort [74]. Freud prétendait qu'elle allait au-delà du principe de plaisir, là où le refoulé fait retour en rêves, en symptômes et en actes. Il n'est pas impossible que cette explication corresponde en fait à une mise en mots théorique d'une période très douloureuse de la vie de Freud. Il n'avait jamais connu autant d'échecs thérapeutiques et remettait en cause sa propre pratique [75]. Les rechutes de ses patients réduisaient à néant l'effet curatif de ses interprétations psychanalytiques. La cure elle-même se transformait

73. A. Marthur, L. Schmitt, « Épidémiologie de l'ESPT après un traumatisme collectif », *Stress et Trauma*, 2003, 3 (4), p. 216.
74. J. Bergeret, *La Violence fondamentale*, Paris, Dunod, 1985.
75. J. Guillaumin, *Entre blessure et cicatrice*, *op. cit.*, p. 198.

souvent en bénéfice névrotique. Mais, surtout, ce concept, pensé par Freud en 1920, après la guerre, faisait du traumatisme un événement réel et non pas un fantasme. Dans ces circonstances terribles, Freud cherchait à comprendre son propre traumatisme : un neveu tué à la guerre, la mort d'Anton von Freund un de ses patients avec qui il avait établi des relations amicales, le suicide de son élève Viktor Tausk et la terrible mort de sa fille Sophie et du fils de Sophie qu'il aimait beaucoup. Freud aurait-il théorisé sa propre dépression [76] ? Ne pouvant échapper à toutes ces souffrances, il voyait des répétitions partout. Elles étaient réelles bien sûr : la guerre, la mort de ses enfants, les suicides de psychanalystes, les échecs thérapeutiques, son cabinet vide. Freud, probablement, s'est défendu contre son désespoir en théorisant abusivement, en généralisant sa vérité d'une période cruelle pour lui.

Ce qui ne veut pas dire que la répétition n'existe pas, mais que l'on pourrait la comprendre autrement et, dans une optique de résilience, ne pas s'y soumettre. « Ma mère ne parvenait pas à m'attraper, tant je courais vite. Alors elle attendait que je m'endorme et venait dans ma chambre, la nuit, pour me frapper à coups de ceinture... Je n'ai pas reçu d'affection, alors je ne peux pas en donner. En fait, je n'ose pas dire à ma fille que je l'aime. Alors je me sacrifie pour elle. Je dis avec des comportements ce que je ne peux pas dire avec des mots. Je donne en cachette et sans un mot. J'espère qu'elle comprendra. » La répétition d'une transmission maladroite de l'affection est

---

76. S. Freud, « Lettre à Lou Andreas-Salomé, 1ᵉʳ août 1919 » cité dans P. Gay, *Freud, une vie*, Paris, Hachette, 1991, p. 604-605 et note p. 126.

une stratégie de défense qui ampute l'expression de la personnalité et altère les relations affectives entre la mère et la fille. C'est un contresens d'attachement. Dans cet exemple, la mère répète en exprimant un attachement évitant, distant, peut-être même glacé, parce qu'elle n'ose pas dire son affection. La fille, quant à elle, côtoie une mère qui se met en posture d'adulte dominée en se consacrant à son enfant et en s'effaçant devant lui. Il faudra attendre que la fille grandisse pour qu'elle comprenne le sens de cette stratégie comportementale. Et, comme le retrait de sa mère a fait de l'enfant un nourrisson géant, on peut penser qu'il lui faudra plusieurs décennies avant de découvrir ce que ça signifiait.

Gouvernés par l'image qu'on se fait de nous-même

Peut-être pourrait-on considérer le problème comme une empreinte, un apprentissage insu qui faciliterait une tendance relationnelle. L'enfant a appris, au cours des interactions quotidiennes, à répondre à l'idée qu'il se fait de « lui avec les autres ». Tout être vivant réagit inévitablement à des perceptions, mais un petit humain, dès le sixième mois, répond aussi à la représentation de « lui avec les autres » qui s'est construite en s'imprégnant dans sa mémoire [77]. Un nouveau-né ne peut survivre que s'il dispose autour de lui de figures d'attachement. Seul, il n'a aucune chance de se développer. Dans le déroulement spontané des faits biologiques, la figure d'attachement est presque toujours la mère qui l'a porté. Mais toute per-

---

77. *Internal Working model*, traduit par modèle interne opérant (MIO), in J. Bowlby, *Attachement et perte*, Paris, PUF, 1969.

sonne qui veut bien s'occuper du nourrisson, une autre
femme, un homme ou une institution, assume cette fonction de figure d'attachement composée d'images, de sen-
sorialités et d'actes adressés au nouveau-né. De gestes en
gestes, ce réel sensoriel s'imprègne dans la mémoire du
petit et lui apprend à attendre certains comportements
qui viendront de ces figures d'attachement. Une mère rendue malheureuse par son histoire, son mari ou son
contexte social, émettra une sensorialité de femme dépri-
mée : visage peu expressif, absence de jeux corporels,
regards détournés, verbalité morne. Dans un tel bain sensoriel qui traduit le monde mental de la mère, le bébé
apprend à réagir par des comportements de retrait[78]. Dès
la fin de la première année, il lui suffit de percevoir cette
figure d'attachement malheureuse pour qu'il attende des
interactions de mère triste. Le bébé ne réagit pas seulement à ce qu'il perçoit, il répond à ce qu'il guette, il
anticipe ce qu'il a appris.

Dès la troisième année, le petit, arrivant à l'âge de
l'empathie, devient capable de répondre aux représentations qu'il se fait des représentations du monde mental de
sa mère, de ses motivations, de ses intentions et même de
ses croyances : « Elle va encore croire que c'est moi qui ai
mangé le chocolat, alors que c'est mon frère. » Un bébé
qui se développe dans un monde glacé s'attend à ce que les
autres lui apportent la glace. Il pense presque : « Toute
relation affective provoque le froid. » À l'inverse, un
enfant qui se sent aimé se croit aimable puisqu'il a été

---

78. A. Guedeney, « De la réaction précoce et durable de retrait
à la dépression chez le jeune enfant », *Neuropsychiatrie de l'enfant et
de l'adolescent*, 1999, 47 (1-2), p. 63-71.

aimé. Cette empreinte dans sa mémoire, à l'occasion de la banalité des gestes de la survie, a donné à l'enfant une représentation de soi confiante et aimable, à laquelle il répond quand il entre en relation.

Cet apprentissage donne un style affectif durable qui s'exprime encore lors des premières rencontres amoureuses [79] : « Quand je pense à qui je suis, je m'attends à ce qu'elle me méprise. » Le jeune peut aussi penser : « Quand je pense à qui je suis, je crois qu'elle va m'accepter. » Cette représentation de « moi avec un autre » est une co-construction qui dépend des rencontres mais peut évoluer, comme tout phénomène de mémoire, vers l'effacement, le renforcement ou la métamorphose.

Travaillés par nos mémoires, nous travaillons nos mémoires

Ce type d'apprentissage est une mémoire sans représentation, l'acquisition d'une facilité corporelle ou mentale qui n'est pas obligatoirement consciente. Il s'agit d'une mémoire procédurale où la zone neurologique du cortex qui traite un type d'informations visuelle, sonore ou kinesthésique est façonnée par ces informations sensorielles. Le cerveau devient ainsi préférentiellement sensible à ce type d'informations qui, précocement perçues, le rendent capable de les percevoir mieux que toutes autres.

---

79. C. Hazan, P. Shaver, « Attachment as an organization framework for research on close relationship », *Psychological Inquiry*, 1994, 5, p. 1-22.

On peut tenir un même raisonnement avec les événements historiques qui construisent notre identité narrative. Mais, à ce niveau de la construction de la personnalité, notre mémoire n'est plus biologique, elle est épisodique et sémantique, donc forcément consciente. Cette « autobiographie » est constituée de souvenirs d'images et d'anecdotes situées dans le temps et dans la relation. Une telle mémoire permet une représentation de soi qu'on peut évoquer intentionnellement : « Je me rappelle qu'à 6 ans, on me cherchait partout, je m'étais caché pour manger une tomate volée. J'en étais barbouillé. » La mémoire sémantique est faite d'énoncés plus généraux : « J'ai toujours été mauvais en maths. » Nos projets d'existence et la manière dont on s'engage dans les relations quotidiennes répondent à ces représentations de soi. C'est à cette mémoire construite que répond le sujet, ce n'est pas au retour du réel passé. La notion de script qui découpe des séquences d'images et de dialogues s'inscrit dans le déroulement d'une histoire qui métaphorise nos réponses émotionnelles, comportementales et verbales, et donne une forme narrative à la représentation de soi [80].

D'un côté, la mémoire déclarative, explicite, repose sur les structures cérébrales temporales et hippocampiques de la parole et de la mémoire. Cette aptitude neurologique rend le sujet capable d'aller chercher dans son passé les éléments d'images qui composent le sentiment de soi et d'en faire un récit. D'un autre côté, la mémoire implicite n'est pas accessible à la conscience puisqu'elle est simplement tracée, « frayée », a dit Freud,

---

80. R. C. Schank, R. P. Abelson, *Scripts, Plans, Goals and Understanding*, Hillsdale, Erlbaum, 1977.

dans le cortex associatif autour de la zone du langage et dans le cerveau temporal droit [81]. Des expériences préverbales imprègnent dans le cerveau une sensibilité préférentielle qui ne peut pas devenir consciente puisqu'on ne se rend pas compte qu'on perçoit préférentiellement un type de monde : on y croit puisqu'on le voit. Il ne peut pas s'agir de l'inconscient refoulé conflictuel des psychanalystes, mais cette empreinte qui influence la vie émotionnelle d'un individu en sélectionnant un type d'information évoque plutôt le « roc biologique de l'inconscient [82] » qui peut surgir par surprise, sous forme d'échantillons, d'ambassadeurs de l'inconscient, lors des rêves, lapsus ou actes manqués.

Ce petit raisonnement implique que la mémoire procédurale non consciente, inscrite dans les neurones, peut se renforcer ou s'effacer, évoluant comme tout processus biologique. Mais les scripts de représentations de soi peuvent, eux, se remanier, se réélaborer, sous l'effet d'un travail de parole. Quand ils découvrent une nouvelle archive, les historiens modifient les récits culturels qui racontent des tragédies sociales. Les artistes transfigurent le sentiment provoqué par un traumatisme en transformant l'horreur en œuvre d'art. Une relation intime, amicale ou psychologique peut faire évoluer la représentation qu'une personne se fait d'elle-même. Ce travail des représentations verbales permet de remanier, parfois de fond en comble, l'image de soi et la manière de s'engager dans

---

81. M. Mancia, « Dream actors in the theatre of memory . their role in the psychoanalytic process », *Int. J. Psychoanal.*, 2003, 84, p. 945-952.
82. S. Freud, « Analyse terminée et analyse interminable » *Revue française de psychanalyse*, 1938-1939, n° 1, p. 3-38.

la vie affective et sociale : « Le récit est l'instrument par lequel l'individu cherche à forcer son destin[83]. » C'est l'ambition de la résilience !

Les trois sources de représentations verbales (intimes, familiales et sociales) sont accessibles. On peut modifier un stéréotype culturel grâce aux œuvres d'art, aux romans, aux films ou aux essais philosophiques. On peut faire évoluer un entourage grâce à des réunions de quartier, des articles de journaux, des actions d'associations ou des thérapies familiales. On peut s'entraîner à maîtriser les émotions provoquées par une représentation fragmentée et violente, en réorganisant, en reliant les bribes incohérentes et insupportables de la mémoire traumatique. Un écrit, une psychothérapie ou un engagement culturel pourront faire ce travail de « narratif cohérent[84] », qui finira par donner une représentation de soi claire, paisible, et enfin acceptée par les proches et la culture.

Un mécanisme de dégagement

Tous les tuteurs de résilience sont à portée de main à condition que l'entourage et la culture ne les brisent pas et que le sujet blessé ait acquis avant son malheur quelques ressources intimes qui lui permettent de s'en saisir.

Amédée avait toujours été un enfant très gentil. Un peu trop obéissant peut-être, soucieux d'être comme il

---

83. J.-C. Kaufmann, *L'Invention de soi. Une théorie de l'identité*, Paris, Armand Colin, 2004, p. 153.
84. J. Holmes, *John Bowlby and the Attachment Theory*, Londres/New York, Routledge, 1993.

faut, jamais en retard, cahiers propres, chemise boutonnée. Curieusement, ce conformisme l'a désocialisé. À force d'être normal, il est devenu transparent. Il n'aimait pas sa mère et ne pouvait s'en dégager. Son adolescence est devenue douloureuse d'ennui car il était soumis à cette femme qui s'occupait de tout avec tant de compétence qu'elle effaçait, sans le vouloir, son fils et son mari. Jusqu'au jour où Amédée, pour se sentir plus fort, a décidé de l'affaiblir. Une nuit où il devait rentrer tard après s'être ennuyé chez des amis, il lui téléphona en masquant sa voix et dit : « Madame B...? Ici l'hôpital. Je dois vous annoncer que votre fils est mort. » Puis il raccrocha, et retourna s'ennuyer chez ses copains. Mais, depuis cette minute son cœur était léger car il imaginait sa mère enfin vulnérable. Plus tard, il inventa un grand nombre de tortures analogues qui le rendaient heureux. Il se suicida un peu, annonça à sa mère qu'il allait se faire soigner pour un sida qu'il n'avait pas et déclara qu'il était amoureux d'un camionneur voisin que sa mère détestait. La relation familiale devenait pesante avec, de temps à autre, une explosion d'orage, jusqu'au jour où, à l'occasion de l'anniversaire du débarquement des forces françaises de l'armée de Leclerc à Juan-les-Pins, un journal local raconta le comportement héroïque de cette femme lors de la Libération. Tout le voisinage en parla à Amédée qui, ce jour-là, fit connaissance avec sa mère. Jusqu'alors, il n'avait jamais eu l'occasion de la rencontrer puisqu'il ne la connaissait que dans son rôle de servante tyrannique. Il ignorait son histoire car la vie quotidienne du foyer ne lui avait jamais donné l'occasion de penser que sa mère, elle aussi, était une personne. On ne parle pas de politique à un bébé et puis, la vie de chaque jour avait embarqué ce petit monde dans la course aux problèmes. Autour du foyer d'Amédée, il n'y avait jamais eu quelqu'un pour raconter l'histoire de sa mère, ni cousins, ni amis, ni voisins. C'est un journal qui, vingt-cinq ans plus tard, a joué ce rôle de tiers en faisant circuler le récit qu'Amédée a pu lire. L'adolescent imposait le silence à sa mère et évitait la pièce où se taisait son père. Dès le lendemain de sa lecture, la relation entre Amédée et sa mère était métamorphosée. Passionné par la libération de la Provence, Amédée lisait, rencontrait des témoins, et puis filait en parler avec cette femme, sa mère, dont il découvrait l'histoire et le monde intérieur.

L'extrême souffrance d'Amédée et la torture qu'il avait infligée à sa mère n'avaient fait qu'aggraver l'incompréhension en mettant en place une répétition de la relation douloureuse. C'est un événement périphérique à la famille, un journal, un récit culturel qui a provoqué le changement et a permis un processus de dégagement. Cette notion ancienne avait déjà été proposée en 1943 par un psychanalyste anglais. « Le ça, disait-il, possède une tendance répétitive. » C'est l'empreinte traumatique, la trace dans la mémoire qui apprend à voir le monde à travers une lunette et à le lire autour d'un seul thème. Mais « il y a dans le moi une tendance restitutive qui cherche à rétablir la situation... Le retour à l'intégrité est un espoir illusoire, car le trauma est inscrit dans la mémoire, mais on peut utiliser le traumatisme au bénéfice du moi pour provoquer une dissolution progressive de la tension [85] ». Ce rai-

_____

85. E. Bibring, « The conception of the repetition compulsion », *Psychoanalytic Quarterly*, XII, 1943, p. 486-519.

sonnement exprime en termes psychanalytiques ce que dit la neurobiologie quand elle distingue la mémoire implicite qui, frayée dans une partie du cerveau, lui apprend une manière de voir le monde et l'oppose à la mémoire explicite qui produit des représentations d'images et de mots. Le dégagement permet de retravailler, de remanier, le sentiment provoqué par le trauma réel.

Les théories de la résilience ne disent pas autre chose. La répétition joue un rôle majeur dans la constitution de notre identité, en créant des permanences et des attentes : « Chaque fois que je rencontre ce type d'homme, je réagis de la même manière, par la colère. » Tout apprentissage peut s'effacer avec le temps ou se remanier sous l'effet du travail de la parole et des images. Grâce à la répétition, on a acquis le sentiment de rester soi quelles que soient les variations du milieu, mais, grâce au dégagement, on peut éprouver différemment cette représentation de soi. On peut agir sur la culture pour la convaincre qu'aucune blessure ne peut justifier l'exclusion, on peut inviter la société à disposer autour du blessé quelques tuteurs de résilience le long desquels il tentera de reprendre un autre type de développement. « Les mécanismes de dégagement exigent un travail en profondeur du sujet sur lui-même : travail psychique pour sortir de l'inhibition et redynamiser ses potentialités créatives ; travail de restauration de l'histoire qui conduit à se situer comme agent d'historicité ; transformation de son rapport aux normes sociales et lutte contre les différentes formes de pouvoir qui sont à la source de violences humiliantes [86]. »

---

86. V. de Gaulejac, *Les Sources de la honte*, Paris, Desclée de Brouwer, 1996, p. 225.

S'entraîner psychiquement à acquérir de nouvelles habiletés relationnelles, travailler sur l'histoire qui constitue notre identité, apprendre à se penser soi-même en d'autres termes et militer contre les stéréotypes que la culture récite à propos des blessés, voilà ce qui résume l'engagement éthique de la résilience.

IV

MÉTAPHYSIQUE DE L'AMOUR

Tendresse filiale et amour romantique

« Lorsque le surgissement du désir sexuel m'a rendu sensible aux femmes, je ne savais même pas que j'avais déjà appris une manière d'aimer. Je les trouvais changées alors que c'est moi qui les percevais différemment. D'ailleurs, c'est la première fois que je voyais des femmes. Avant, j'avais vu des filles, des dames ou des mamans... pas des femmes. Avec ce désarroi qui me donnait la fièvre, j'éprouvais un sentiment d'énigme, comme un aiguillon stimulant et inquiétant, agréable et presque un peu douloureux. Il fallait que je comprenne la cause de ce nouvel émoi, il fallait que j'utilise mon corps, afin de découvrir avec l'une d'elles cette métaphysique de l'amour, cette connaissance qui émerge du monde sensible, comme une initiation. Un ensemble de forces surgies du fond de moi cherchait à s'inspirer des modèles familiaux et culturels afin de découvrir comment il convient de tenter une rencontre amoureuse [1]. »

Deux mots difficiles à penser, la « rencontre » et l'« amour ». Nous en sommes fiers, c'est curieux. D'autant qu'actuellement un grand nombre de cultures contestent la valeur des rencontres amoureuses. Un mariage arrangé est plus noble, nous dit-on, car il maintient les structures familiales, entoure les jeunes couples et transmet les valeurs du groupe. Alors que vous, avec votre couple d'amour, vous privilégiez le choix des personnes. La communauté s'affaiblit quand les jeunes négligent les préceptes collectifs. Un mariage arrangé se fait au sein du groupe qui en fait un événement social majeur. Dans une telle culture, le premier acte sexuel devient l'indicateur d'un changement de statut, une sorte de rite d'intégration. Alors que le couple d'amour unit deux jeunes gens qui prennent la liberté de se choisir sans vraiment se rendre compte qu'ils se soumettent aux valeurs sociales dont ils sont animés, ce qui constitue peut-être une forme sournoise de mariage arrangé.

La rencontre n'est pas un mot banal. C'est au contraire un événement, un traumatisme presque, puisqu'il nécessite une interpénétration. On se déroute quand on se rencontre, sinon on ne fait que se croiser ou s'éviter. Un amour, c'est deux personnes qui associent leurs désirs dans l'acte sexuel et conjuguent leurs styles affectifs dans la vie de chaque jour. Ce trauma désiré provoque l'épanouissement de soi, hors de soi, avec un autre... au risque de l'effraction. Toute rencontre est un déroutement qui peut mener à la déroute parce que l'amoureux (l'amou-

---

1. Lettre imaginaire d'un ancien adolescent.

reuse) donne à l'autre le droit d'entrer dans son corps et dans son âme. La conjugaison des désirs et des manières d'aimer donne ainsi à l'aimé le pouvoir d'épanouir l'amoureux... ou de le déchirer.

Il n'y a pas longtemps qu'on s'intéresse à la manière dont l'attachement participe à l'amour : le style affectif tend à rapprocher deux personnes où chacune sert de réconfort à l'autre et la sécurise au point de lui donner une confiance suffisante... pour s'en dégager[2] ! « Le premier amour exige un renoncement, une "désobéissance" aux objets parentaux œdipiens[3] » afin de s'élancer vers un autre objet qui, lui, acceptera le rôle de partenaire sexuel. Il s'agit de deux processus de natures différentes puisque l'attachement s'imprègne insidieusement lors des interactions quotidiennes, alors que l'amour s'empare de la conscience pour en faire un événement intense et déroutant.

L'articulation de ces deux phénomènes constitue une énigme : comment concilier l'attachement filial qui empêche la sexualité avec l'amour romantique[4] qui nous y invite ? Ces deux manières d'aimer sont associées et pour-

2. O. Bourguignon, « Attachement et détachement », *in* D. Houzel, M. Emmanuelli, F. Moggio, *Dictionnaire de psychopathologie de l'enfant et de l'adolescent*, Paris, PUF, 2000, p. 70-72.
3. Ph. Gutton, « La parentalité », séminaire, Aix-en-Provence, 8 mars 2004.
Citant D. Lagache, P. Mâle, « Arguments pour un symposium psychanalytique sur l'adolescence : les relations avec autrui et les relations avec soi-même », *Rapport du 1er congrès européen de pédopsychiatrie*, Paris, SPEI, 1960, p. 205-207.
4. R. Miljkovitch, *L'Attachement au cours de la vie*, Paris, PUF, 2001, p. 196-231 ; et B. Cyrulnik, *Sous le signe du lien, op. cit.*, p. 244-252.

tant incompatibles puisqu'on ne peut pas aimer sa mère comme on aime sa femme !

On peut résoudre ce problème en observant que les comportements de tendresse des jeunes couples préparent à la sexualité, alors que les couples établis ne la recherchent pas systématiquement. La tendresse structure un lien affectif qui peut se dissocier de la sexualité, parce qu'il s'agit d'un apprentissage inscrit dans la mémoire implicite au cours des interactions entre une mère et son bébé : on se caresse la joue, on se blottit, on se tient par la main, on se « parle bébé », on se donne des petits noms d'amour, on se fait des offrandes alimentaires et puis, parfois, les gestes dérapent, changent de signification et synchronisent les corps vers une activité sexuelle. Le même enchaînement serait impensable avec sa mère. Il est même insupportable de se représenter un tel scénario tant il provoquerait un sentiment d'horreur. L'amour se fait sur le fil du rasoir, l'extrême proximité de la tendresse et du désir, au geste près, à la moindre vibration du corps et de la parole, peut nous faire passer de l'extase au cauchemar.

Les travaux sur l'attachement nous permettent aujourd'hui de comprendre comment on apprend à aimer bien avant l'âge du sexe. Les observations éthologiques nous aident à analyser comment deux corps se préparent à cette rencontre. Enfin se pose le problème des conséquences d'une telle intimité qui peut constituer le point final d'une rencontre ou au contraire modifier le tissage de l'attachement. Comment vivre, ensemble après l'acte d'amour ? Comment associer chaque jour, ces deux besoins contraires de l'amour romantique et de la tendressefiliale, du désir qui nous emporte et de l'attachement qui nous tricote?

La crise amoureuse

On sait maintenant que les styles affectifs peuvent se schématiser en attachements sécures, ambivalents, évitants, et désorganisés [5]. On peut observer, grâce à la méthode éthologique, les indices corporels qui synchronisent la rencontre, la manière dont les styles affectifs se conjuguent au risque d'évoluer en déchirant des liens auparavant bien tissés ou au contraire en recousant les déchirures affectives de l'enfance. Il paraît logique de faire du premier amour un tournant fondamental de l'existence où l'on passe d'une manière d'aimer sécurisante maternelle, à une autre manière où l'appétence sexuelle nous invite à la rencontre qui nous socialise. Comme pour toute métamorphose, ces deux manières d'aimer sont en opposition et en continuité : une maman n'est pas un papa, mais n'est pas tout à fait une femme non plus. Ma femme me sécurise puisque je m'y attache, mais elle désire en plus que je la désire. Toute une constellation de forces converge vers ce virage, les hormones facilitent la création de nouveaux circuits neuronaux, le style affectif coordonne les partenaires, et le regard social dit ce qui est possible et ce qui ne l'est pas.

---

5. M. D. S. Ainsworth, « Some considerations regarding theory and assessment relevant to attachment beyond infancy », *in* M. T. Greenberg, D. Cicchetti, E. M. Cummings (éd.), *Attachment in the Preschool Years : Theory, Research and Intervention*, Chicago, University of Chicago Press, 1990.

La flambée hormonale et l'intensité émotionnelle du premier amour créent une véritable période sensible qui rend particulièrement facile l'apprentissage du partenaire. Le socle biologique de cette imprégnation est neuro-hormonal. Une absence de stress chez les humains engourdis par trop de sécurité crée une indifférenciation de l'environnement. Aucun événement n'émerge de la routine, aucun objet ne devient saillant. Le temps perd ses repères et l'identité ne se construit pas. À l'inverse, un excès de stress modifie l'anatomie même du cerveau. Quand l'existence est difficile, l'organisme débordé sécrète des catécholamines neuromédiatrices et du cortisol issu des glandes surrénales. Ces substances sont préférentiellement captées par les cellules limbiques de la partie profonde du cerveau. Le cortisol provoque un œdème de la paroi qui, en gonflant, dilate les canaux. Les ions calcium s'y engouffrent et font éclater la cellule. Ce qui explique que, après quelques années de stress quotidien et d'existence mal supportée, le cerveau limbique qui circuite les émotions et la mémoire est souvent atrophié [6].

La stimulation saine d'un cerveau doit donc éviter la sécurité totale qui engourdit la vie émotionnelle, autant que l'excès de stress qui, en atrophiant les circuits de l'émotion et de la mémoire, paralyse aussi la vie psychique. Comme le flux et le reflux, les battements du cœur et la respiration, c'est l'alternance qui rythme la vie et donne le sentiment d'exister. Ceci explique pourquoi, physiologiquement, nous sommes contraints de chercher des

---

6. Mihai Ioan Botez (dir.), *Neuropsychologie clinique et neurologie du comportement*, Presses de l'Université de Montréal/Masson, p. 93.

épreuves afin d'en triompher. Ainsi, nous fabriquons des repères existentiels qui nous euphorisent, même quand ils ont été difficiles. L'organisme, éveillé par un stress maîtrisable sécrète l'ocytocine, une substance euphorisante que l'on retrouve en grande quantité après l'acte sexuel, la grossesse, l'allaitement ou l'annonce d'une bonne nouvelle. Et même les opioïdes, petites molécules morphiniques, sont augmentés par une discussion agréable, un voisinage affectueux ou l'écoute d'une musique[7].

En ce sens, la crise amoureuse rassemble et coordonne tous ces facteurs biologiques, émotionnels et sociaux pour en faire une période sensible tellement intense qu'on peut apprendre l'autre et l'incorporer dans sa mémoire, au risque de la déchirure traumatique. Mais l'amoureux ne peut pas tout percevoir de l'autre, il n'en perçoit que ce que l'autre montre et la part à laquelle son enfance l'a rendu sensible. C'est pourquoi, lorsque l'amant dit : « Je ne pense qu'à elle », il ne parle que de lui, puisque son monde intime est rempli par l'image qu'il se fait d'elle.

Déclaration d'amour préverbale

« J'ai tout de suite senti que nous étions amoureux... Non... J'ai tout de suite senti que nous pourrions laisser venir l'amour. Je m'apprêtais à sortir de la librairie quand j'ai été saisi par son regard. C'est vrai, saisi, presque possédé. Elle s'est emparée de moi et j'ai été ravi. Elle était assise au milieu d'un groupe de touristes qui feuilletaient

---

7. A. R. Damasio, *Spinoza avait raison. Joie et tristesse, le cerveau des émotions*, Paris, Odile Jacob, 2003, p. 118-119.

des livres d'art. Elle me regardait sortir. Dans une fulguration, j'ai compris que j'étais un événement pour elle. Elle
était belle et sa douce beauté entrait en moi, profondément. Nous nous comprenions. Alors, j'ai enveloppé son
regard dans le mien. C'était doux et intense à la fois. Nous
croisions le fer de nos tendres œillades comme une jouissance dangereuse, un plaisir proche de l'angoisse. J'ai
hoché. la tête pour dire : "Bonjour", ça m'a échappé.
J'avais l'impression déjà de m'accoupler avec elle, un peu,
pas beaucoup. Mais l'intensité émotionnelle que je ressen-
tais grâce à ce petit mot constituait un grand événement.
Elle a expiré un murmure qui devait signifier : "Bonjour."
Elle était grave, et j'ai entendu que son souffle tremblait.
Le groupe de ses amis a donné le signal du départ. Elle a
détourné son regard, puis l'a ramené vers moi, tristement,
en s'éloignant. C'est comme ça que s'est terminée notre
histoire d'amour. »

Cette aventure, le temps d'un regard, pose le problème de la rencontre amoureuse : pourquoi tant de clarté
dans ce message non verbal ? Pourquoi elle ? Pourquoi ce
délice proche du trauma ? Quel couple aurions-nous fait
si, après la foudre, un lien s'était tissé ?

Nos parades nuptiales sont d'abord préverbales.
Comme tous les êtres vivants, nous devons synchroniser
nos émotions et ajuster nos corps bien avant l'accouplement. Nous avons réussi à nous faire croire que c'étaient
nos propos qui permettaient les rencontres. Malheureusement, l'éthologie de la conversation nous démontre que,
même au cours des échanges les plus intellectuels, l'essen-
tiel de ce que nous avons à dire est communiqué par notre
corps, à notre insu. Si nous devions empêcher les

échanges paraverbaux en supprimant les postures, les gestes, les mimiques et les tremblements de la voix, nous ne pourrions rien comprendre puisque la transmission par les mots représente à peine 35 % du message[8] !

Si l'on accepte l'idée que nous parlons afin d'affecter l'autre pour le rendre réceptif à nos propres affects, alors nous comprenons la nécessité de ces petits coups de foudre. Dans l'exemple de l'éclair amoureux à la sortie de la librairie, le corps de chacun des partenaires a transmis une émotion préverbale qui a affecté l'autre. S'ils avaient pu se parler, ils auraient poursuivi cet échange affectif et auraient peut-être confirmé l'éclair amoureux. Peu importe le texte, c'est le co-texte qui compte, la proximité sensorielle des corps autorisée par les mots aurait continué le tricotage affectif déclenché par la petite foudre.

Contrairement à ce que récitent nos stéréotypes, ce sont les femmes qui déclenchent presque toujours la parade nuptiale du mâle humain[9]. Elles émettent un signal d'intérêt et de disponibilité, un regard appuyé, évident quand on le perçoit mais difficile à définir. Les hommes s'approchent rarement d'une femme qui ne les invite pas, sauf les violeurs ou ceux qui, à cause d'un trouble du développement affectif, n'ont pas appris l'empathie qui leur aurait permis l'harmonisation des désirs. Ce ne sont pas les canons de beauté qui provoquent l'amour mais plutôt les talents de déclencheuses d'émo-

---

8. R. L. Birdwhistell, *Kinesics and Context*, Philadelphie, University of Pennsylvania Press, 1970.
9. L. N. Dobriansky-Weber, « La parade nuptiale : une histoire sans paroles », *Le Journal des psychologues*, 2003, n° 139, juillet-août, 98, p. 23.

tion que possèdent les femmes. Les hommes ont probablement acquis la même habileté relationnelle, mais il semble que les signaux diffèrent selon le sexe.

Quand un homme est atteint d'une maladie maniaco-dépressive, il conquiert beaucoup de cœurs féminins au cours de ses accès d'euphorie. Mais, en phase de mélancolie, quand son monde reste seul car il se vide, cet homme ne perçoit plus les signaux émis par une femme intéressée. Il faut ajouter que notre développement affectif participe à la signification attribuée aux signaux que nous percevons. Beaucoup de femmes qui, au cours de leur enfance, ont appris à aimer gravement un parent triste sont exaspérées par les comportements rigolos d'un homme euphorique ou d'un baratineur sûr de lui. En fuyant un tel homme ou simplement en l'évitant, elles se mettent à l'abri de la foudre qui pourra frapper sa voisine, avide d'un homme gai qui saurait la distraire. Dans les deux cas, les signaux sont clairement perçus, mais ils prennent une signification différente selon le développement affectif des personnes : la plupart des femmes ayant acquis un attachement sécure enverront des signaux d'intérêt en direction d'hommes gais et confiants, alors que des femmes évitantes se raidiront et jetteront des regards de glace à ces mêmes hommes.

La foudre ne frappe pas au hasard, elle ne tombe que sur les paratonnerres construits pendant l'enfance, au cours de l'apprentissage des styles affectifs. Chaque futur partenaire a été bâti séparément, c'est pourquoi le hasard qui provoque la rencontre est déjà resserré puisqu'il ne peut pas entraîner l'amour de n'importe qui pour n'importe qui. Chacun ne peut rencontrer que l'objet qui lui correspond, pour lequel il a été façonné. Chacun est à la fois récepteur et acteur susceptible de trouver celui ou celle avec qui il pourra se conjuguer. Chacun frappe l'autre parce qu'il porte sur lui ce qui peut toucher l'autre.

Quand le mariage est arrangé, les déterminants sont clairement énoncés par la culture, la religion, la race, ou le porte-monnaie. Mais, quand le couple est d'amour, les signaux affectifs prennent le devant de la scène et les pressions sociales gouvernent en secret. Quand une femme est bouleversée parce que cet homme, qu'elle ne connaît pas, chamboule ce qu'elle a de plus sensible, elle tente de calmer son émotion en augmentant les petits gestes dirigés vers elle-même : elle tire sa jupe, tapote sa chevelure, redresse le menton, bombe ses seins et retient un sourire. Mais dans le même mouvement autocentré, elle laisse échapper des indices d'appel. Elle ne se rend pas compte qu'elle le regarde à la dérobée, qu'elle soulève les sourcils, qu'elle plisse le coin des yeux, qu'elle met sa main devant la bouche [10] et dessine avec son corps ému une forme géométrique qui fait savoir à l'homme qu'elle acceptera avec bonheur ses premières paroles. Il sent, il sait, mais ne sait pas pourquoi il sait. Seule une observation éthologique pourrait lui expliquer que l'émotion qu'il a provoquée en elle se traduit par un puissant appel : ses pupilles se sont dilatées, donnant à son regard un effet chaleureux qu'il perçoit nettement. Les mâles, plus sensibles aux images, perçoivent ces indices corporels et y répondent par des approches comportementales et verbales, tandis que les

---

10. B. Cyrulnik, *Les Nourritures affectives*, Paris, Odile Jacob, 1993, p. 17-49 ; et I. Eibl-Eibesfeldt, *Éthologie. Biologie du comportement*, Paris, Éditions Scientifiques, 1972, p. 428-452.

femelles, plus sensibles au toucher, éprouvent les premiers mots comme une caresse verbale.

Si les pupilles de l'homme se dilataient, la femme s'en moquerait [11], alors que les premiers mots, la manière de parler constituent pour elle un échantillon affectif. Le comment de la parole masculine est plus important que ce qu'il dit, à ce moment de la rencontre. L'acte de parole maintient la proximité qui permet à toutes les autres formes de sensorialité de commencer la conjugaison des personnalités. C'est la femme généralement qui touche la première, mais elle ne touche qu'aux endroits socialement convenus. En parlant, comme ça, elle pose le bout de ses doigts sur son avant-bras. Quand il dit au revoir, elle alanguit sa main dans sa paume. Quand ils se retrouvent, elle époussette sa veste dans un petit geste qui fait semblant de n'être que maternel. Elle le frôle avec sa robe et, dans une pièce bondée, ses seins, par hasard, viennent s'appuyer sur le bras du soupirant bousculé par la foule. Tous ces petits contacts signifient qu'elle donne à l'homme l'autorisation de la toucher ailleurs, en des endroits du corps socialement moins convenus, plus intimes.

La rencontre amoureuse n'est pas si hasardeuse que ça. Le hasard ne porte que sur un tout petit choix de signifiants, comme si les amoureux disaient : « Celui (celle) que je rencontre porte sur lui (elle) ce qui parle à mon âme. Il (elle) a mis sur son corps les indices qui me touchent au plus profond de moi, parce que mon histoire

11. P. Lemoine, *Séduire. Comment l'amour vient aux humains*, Paris, Robert Laffont, 2004.

m'y a rendu sensible, c'est à moi qu'il (elle) parle mieux qu'à d'autres. »

Le premier amour est une deuxième chance

Les premières actions de la conjugaison amoureuse se font avec les indices corporels qui témoignent des styles affectifs auparavant acquis. Les observations éthologiques commencent à expliquer comment l'attachement insidieux participe à l'amour fulgurant.

L'intensité du moment amoureux, l'interpénétration des styles affectifs créent une période sensible où les apprentissages, à nouveau exacerbés, permettent aux partenaires de s'épanouir mutuellement en se donnant le plaisir de la découverte et la possibilité de corriger un style affectif auparavant difficile. Mais cette période sensible peut aussi aggraver un style affectif fragilement tissé ou même déchirer un attachement antérieurement sécure.

Il s'agit vraiment d'une période sensible où d'autres apprentissages deviennent possibles. C'est un tournant de l'existence qui souvent déclenche un processus de résilience mais qui peut à l'inverse délabrer un conjoint dont l'attachement était bien tissé. La force qui aiguille dans un sens ou dans l'autre est une conjugaison des styles affectifs, un ensemble de forces historiques et paraverbales qui organisent la manière d'être ensemble du couple. La conjugalité ainsi ordonnée offre une possibilité de remaniement affectif où chacun influence l'autre pour le meilleur ou pour le pire. La sécurité du couple permet d'apprendre un attachement sécure auparavant mal acquis, ce qui explique la possibilité de résilience que donne l'amour. Biologiquement aussi, la relation amoureuse donne une possibilité de métamorphose ou de changement de direction. L'intensité émotionnelle et les sécrétions hormonales ont un effet sur le cerveau qui correspond à une nouvelle synaptisation, établissement de voies neurologiques auparavant non circuitées [12]. Toutes les conditions confluent pour faciliter une deuxième empreinte. Après avoir été marqué par son milieu précoce qui lui a appris un style affectif, la relation amoureuse donne au jeune une deuxième chance, une possibilité de modifier les représentations négatives de soi acquises au cours de son enfance [13], et même la possibilité de cesser d'être délinquant en s'engageant dans un nouveau style de socialisation [14].

Bien plus que d'une transition, il s'agit d'un véritable tournant de l'existence, parfois même une métamorphose où le biologique, l'affectif et le social se coordonnent pour prendre ce virage avec plus ou moins de bonheur.

Une théorie de la résilience doit donc s'intéresser aux changements que l'on constate et aux conditions affectives et culturelles qui modifient la réceptivité d'un organisme. En créant de nouvelles périodes sensibles, le sujet prend d'autres empreintes qui modifient son style affectif. Ces virages permettent l'apprentissage d'habiletés relationnelles inattendues et instaurent une différente manière de

---

12. H. Bee, D. Boyd, *Psychologie du développement. Les âges de la vie, op. cit.*, p. 298 ; et M. Odent, *The Scientification of Love*, Londres, Free Association Books, 1999.
13. J. Lecomte, *Guérir de son enfance*, Paris, Odile Jacob, 2004.
14. G. H. Elder, « The life course as a developmental theory », *Child Development*, 1998, 69 (1), p. 1-12.

goûter le monde. Un style affectif nous a orienté vers un type de rencontre amoureuse qui en retour a modifié ce style affectif!

La méthode des questionnaires où l'on envoie par la poste des enquêtes anonymes auxquelles le sujet répond, s'il le veut bien, permet de dessiner une vue d'ensemble des rencontres sexuelles de la population générale[15] : 16 % des moins de 24 ans et 22 % des plus de 50 ans n'ont eu aucun rapport sexuel lors de l'année passée; 70 % des plus de 65 ans ont arrêté cette activité; 2,7 % des hommes et 1,7 % des femmes ont connu plusieurs rencontres homosexuelles. Mais ce qui nous intéresse, afin de tenter une corrélation entre l'attachement et la sexualité, c'est de constater que les célibataires ont beaucoup de rencontres sexuelles, ce que l'on peut comprendre, mais aussi que les intellectuels qui ont une sexualité de couple moins ardente connaissent un plus grand nombre d'aventures extraconjugales. Un style existentiel peut donc participer à la manière dont nous organisons notre vie sexuelle. Les flèches décochées par Cupidon ne frappent pas au hasard. Les petits archers de l'amour ne visent que ceux et celles qui se proposent pour cibles. Le hasard ne joue que parmi ceux qui se placent dans la trajectoire du trait et ne font pas le petit saut de côté qui suffirait à l'éviter. La raison pour laquelle on se rencontre, le mythe fondateur du couple[16] devient ainsi un organisateur de la personnalité du couple, de son style relationnel et des engagements qui le caractérisent. Dans les mariages arrangés, l'enjeu du

---

15. « Les caractéristiques de la population sexuellement active », *La Recherche*, n° 223, juillet-août 1990; et M. Bozon, H. Leridon, *Sexualité et sciences sociales*, Ined, Paris, PUF, 1995.
16. R. Neuburger, *Le Mythe familial*, Paris, ESF, 1995.

couple est clairement énoncé par la culture et les jeunes gens sont fiers de se soumettre à la loi du groupe. Alors que, dans les couples d'amour, l'intention de vivre ensemble est plus psychologique et les pressions sociales, quoique très puissantes, deviennent plus personnelles. Le choix amoureux élargit le cercle des possibles et respecte moins les contraintes sociales.

Braise affective et plomb familial

Pendant des années, Georges s'est étonné de l'intense et douce émotion qu'il avait ressentie dans sa jeunesse en voyant un père s'occuper de son petit garçon. Il se repassait souvent la scène, comme ça, pour son plaisir. Un jour, aux sports d'hiver, il y avait beaucoup de brume et Georges s'était arrêté au sommet d'un raidillon pour souffler un peu. En contrebas, vaguement dessiné dans le gris-blanc du brouillard et de la neige, il avait vu un homme, un père forcément, arranger le cache-col de son petit garçon, puis, suivi par l'enfant, se remettre à glisser et disparaître doucement. L'homme était baraqué, c'est important ce mot parce que c'est de là que venait le plaisir éprouvé par Georges. Le père avait consacré sa force un peu brute à une tendre relation avec son petit garçon. Très souvent par la suite, Georges est allé chercher cette image dans sa mémoire et s'est étonné du plaisir qu'elle lui procurait.

Il avait passé son enfance dans une famille froide où jamais on ne parlait. Le père ne ratait aucune occasion de disparaître. La mère silencieuse et accablée repoussait Georges d'une rebuffade agacée chaque fois que l'enfant tentait de l'approcher. La petite sœur cassait tout ce qu'elle pouvait et fuguait du matin au soir. Cette vie quotidienne se passait dans la morosité et le silence. La petite fille avait parfaitement appris l'attachement évitant. Elle subissait sans protester la vigueur des gestes de sa mère qui la bousculait sans un mot pour la commander. Elle se défendait en s'empêchant de l'aimer et, pensant qu'il ne fallait pas dépendre des autres, elle s'entraînait à ne pas pleurer, elle se murait dans un monde clos dont elle ne sortait que pour fuguer.

Dans cette ambiance de plomb, Georges dégustait les quelques moments de chaleur affective qu'il allait chercher en dehors de son foyer. Quand il faisait les courses, il parlait longtemps avec le marchand de légumes, il apportait le lait et le journal à sa voisine âgée qui peinait à monter les quatre étages, il rêvait que lorsqu'il serait grand il fonderait une famille où l'on parlerait beaucoup et où l'on rirait ensemble. À l'adolescence, il fantasmait une scène où il entrait dans un sac de couchage où l'attendait une femme. Le simple fait d'être côte à côte, dans la chaleur du duvet, suffisait à son bonheur. Pendant les deux premières années de sa vie, ses parents l'avaient placé chez une gardienne très gaie où l'enfant épanoui avait probablement imprégné dans sa mémoire un style d'attachement sécure qui lui avait appris le plaisir de la rencontre. Quand la petite sœur était arrivée, la mère était restée à la maison pour s'occuper des deux enfants et avait repris Georges avec elle. Alors le plomb du quotidien avait coulé dans son petit monde. Mais l'enfant qui avait gardé en mémoire le goût des relations heureuses allait chez la voisine âgée et le marchand de légumes chercher quelques moments de chaleur affective. La simple présence des filles lui donnait ce bonheur et expliquait peut-être le fantasme du sac de couchage car la sexualité l'inquiétait en évoquant le risque d'une famille silencieuse et pesante. Il se disait clairement et même se répétait que, si une fille faisait un enfant avec lui, il ne pourrait jamais la quitter, même s'ils étaient malheureux ensemble. Le surinvestissement d'un tel engagement l'effrayait et il préférait renoncer à tout acte sexuel qu'il vivait comme dangereux. Les filles l'aimaient bien, car il était beau garçon, il parlait gaiement et ne les embêtait pas avec des hardiesses sexuelles. Certaines pensaient même qu'il ne les embêtait pas assez, puisqu'il restait copain en ne répondant pas aux signaux féminins d'invitation sexuelle.

Jusqu'au jour où Georges, sur cette pente enneigée, en voyant la tendresse du malabar pour son petit garçon, a reçu un coup de foudre non sexuel, mais prodigieusement affectif : « On peut donc être un père comme ça. Voilà ce dont je rêve. » Les hasards de la vie avaient mis sous son regard une scène qui jouait le thème de sa vie affective : « La sexualité prend sens et ne me fait plus peur si une femme me permet de devenir un père comme ça. » Le développement de Georges, composé de braises affectives et de plomb familial, l'avait rendu avide d'une telle scène parentale qui aurait fait rire la plupart des garçons de son âge.

Le coup de foudre que Werther a reçu de Charlotte n'était pas sexuel non plus puisque le jeune homme en est tombé amoureux en la voyant beurrer des tartines pour les enfants : « J'eus soudain devant les yeux le plus charmant spectacle que j'aie vu de ma vie : elle tenait un pain noir et coupait pour son petit monde des tranches qu'elle distribuait à la ronde [17]. » Werther, comme Georges, perçoit dans le réel la scène qui correspond à ce qu'il espère ardemment. Cette séquence constitue un événement qui le touche au plus profond de lui, alors qu'elle ferait rigoler son copain.

Il reste maintenant à faire un enfant, ce qui n'est qu'un problème de rencontre entre un spermatozoïde et un ovule. Mais, une fois mis au monde, cet enfant aura à se développer dans une sensorialité de touchers, de bercements, de nourrissages, de toilettes et de caresses verbales. Cette fois-ci, ce sera un problème de rencontre entre deux styles affectifs et de mélange entre les manières d'aimer parentales.

Alchimie des manières d'aimer

Lorsqu'un couple se forme, il doit à la fois désirer et s'attacher. Or, au cours du développement de l'enfant, l'apprentissage de ces deux manières d'aimer a été dissocié et même conflictuel puisque l'adolescent n'a pu se sentir à l'aise qu'en désirant ailleurs que dans sa famille d'origine. Quand ce jeune deviendra parent, le champ sensoriel qui offrira des tuteurs de développement à l'enfant sera constitué par la conjugaison des styles affectifs parentaux. Or certaines combinaisons menacent

---

17. Goethe, « Les souffrances du jeune Werther », *in* P.-L . Assoun, « Le trauma amoureux. Le "complexe de Werther" », *Le Journal des psychologues*, n° 159, juillet-août 1998, p. 31.

l'intégrité d'un partenaire, alors que d'autres permettent la reprise évolutive d'un lien auparavant mal tissé [18].

Supposons que M. Sécure épouse Mme Sécure. Ils tisseront ensemble un lien léger, ce qui ne veut pas dire superficiel. Ils s'aimeront beaucoup, profondément peut-être, mais ce lien sera léger puisque chacun des deux aura acquis dans son enfance la confiance fondamentale, celle qui donne le plaisir de découvrir l'autre et de l'aimer tel qu'il est. Ces couples partagent le quotidien avec bonheur, se séparent momentanément s'il le faut et se retrouvent avec joie pour se raconter leurs aventures sociales.

M. Détresse aura peu de chances de rencontrer Mme Détresse puisque aucun des deux ne saura se placer sous la flèche de Cupidon. Entravés par leurs souffrances, ils se débattent sans cesse pour supporter l'instant sans rêver d'avenir. En revanche, il arrive que Mme Détresse rencontre M. Ambivalent qui a acquis le désir de réparer une femme. Il se peut que M. Peurdeperdre rencontre Mme Jaimepalavie et que cette entente leur permette d'évoluer : la simple présence stable et morne de madame sécurise monsieur qui dynamise madame. La formation des couples engendre bien d'autres combinaisons.

Laurent aimait beaucoup sa mère dont il avait honte. Elle était pauvre, âgée, mal habillée et son tablier était toujours mouillé. Quand elle venait le chercher à l'école, l'enfant lui demandait de se tenir à distance des autres mamans, jeunes et jolies. Pourtant il aimait se blottir contre elle et rêver qu'un jour il la rendrait heu-

18. P.-M. Crittenden, « L'évolution, l'expérience et les relations d'attachement », in E. Habimana, L. S. Ethier, D. Petot, M. Tousignant, *Psychopathologie de l'enfant et de l'adolescent*, Montréal, Gaétan Morin, 1999, p. 86-88.

reuse. Elle lui manquait quand elle n'était pas là, mais il la repoussait pour ne pas avoir à la comparer aux autres mères. Laurent est arrivé à l'âge du couple avec cette ambivalence acquise au cours de son enfance. Quand une femme l'a aimé, il l'a repoussée et a redécouvert qu'il avait besoin de sa permanence affective pour se stabiliser. Alors, il l'a rappelée. Le jour où il a cru la perdre, il l'a demandée en mariage. Elle n'aimait pas la vie, avait peur de sortir et ressentait toute rencontre amicale comme une terrible épreuve. Elle craignait l'existence, il souffrait de la perte : ils firent donc un couple stable. Pour lui éviter la peur de vivre, il réglait les problèmes sociaux. Elle lui permettait de ne pas souffrir de la perte en lui signifiant qu'elle serait toujours là. S'étayant mutuellement, ils firent de bonnes études et eurent quatre enfants dont elle s'occupa très bien car ses petits lui offraient un alibi parfait pour éviter l'aventure sociale. Quant à lui, petit à petit, profitant de la sécurité affective que lui garantissait sa femme, il acquit sur le tard l'attachement confiant que n'avait pu lui donner sa malheureuse mère. C'est alors qu'enfin sécurisé et guéri par sa femme il décida de la quitter.

Ces couples où chacun sert de thérapeute à l'autre ne sont pas rares. Ils sont respectables à condition que les partenaires puissent renégocier le contrat car si par malheur ils deviennent heureux, ils n'auront plus de raisons de vivre ensemble. Les ressources internes de Laurent ont été modifiées, améliorées par la permanence affective de sa femme. Grâce à elle, il a acquis l'attachement sécure qui lui a donné la force d'aimer autrement... une autre femme ! Grâce à lui, elle avait évité la peur du social mais n'avait pas appris à l'affronter. En étant moins gentil mari, en s'occupant moins d'elle, en réglant moins les problèmes quotidiens, Laurent aurait permis à sa femme d'apprendre la sociabilité, et le couple aurait peut-être renégocié son style en tissant un lien plus léger.

Le premier amour est une deuxième chance, le deuxième amour, une troisième chance, et les amours suivants sont une malchance car ils ne donnent pas le temps pour d'autres apprentissages.

Le réel est en constante évolution, qu'il s'agisse du réel écologique ou du réel biologique. À plus forte raison, le sentiment provoqué par une représentation d'images ou de mots est réellement éprouvé, mais ce réel-là, nous pouvons agir sur lui, en filmant, en peignant, en mettant en scène, en réfléchissant et en parlant afin de travailler cette représentation et de la modifier. C'est là que se trouve la possibilité de résilience. La psychanalyse l'a utilisée dans une convention relationnelle que nous pouvons élargir aux autres domaines de l'existence : « [...] le rappel d'épisodes auparavant inaccessibles pour permettre une "résolution" des souvenirs : ce travail permettrait ainsi de réduire l'activation affective, de prévenir la répétition des réponses inadéquates et de favoriser l'émission de nouvelles réponses [19]... » La théorie de l'attachement ajoute deux autres contributions à la solution psychanalytique. Elle souligne la modification de la mémoire, comme toute biologie, et y ajoute le travail des représentations intimes et sociales qu'il est possible de se coltiner.

L'alliance des styles affectifs du couple se réalise dès les premières rencontres lorsque chacun, percevant

_____

19. *Ibid.*, p. 90.

l'autre, attend de lui la satisfaction d'un besoin et d'un désir : « [...] l'image mnésique d'une certaine perception reste associée avec la trace mnésique de l'excitation résultant du besoin. Dès que ce besoin survient à nouveau, il se produira, grâce à la liaison qui a été établie, une émotion psychique qui cherchera à réinvestir l'image mnésique de cette perception [...] à établir la situation de la première perception [...] la réapparition de la perception est l'accomplissement du désir [20]. »

Nous pouvons dire aussi : « Ce que je perçois sur l'autre réveille les traces de mon passé et provoque mon besoin de les retrouver. Je m'engage dans mon couple avec mes rêves d'avenir et mes comptes à régler. Avec ce capital de mémoires, d'émotions et de désirs nous allons signer le contrat implicite qui thématisera notre vie de famille. »

Quand M. Sexeglacé a rencontré Mme Sexecraintif, chacun a tout de suite perçu les indices comportementaux qui lui permettaient d'espérer que leurs mondes intimes pourraient se coordonner. M. Sexeglacé avait acquis ce style compassé dans une famille froide et évitante. Et Mme Sexecraintif avait gardé de son enfance en détresse un attachement insécure que personne n'avait pu rassurer. Leur alliance a renforcé ces apprentissages affectifs, car chacun voyait que l'autre exprimait le signifiant comportemental [21] qui lui convenait. Ils se marièrent, firent un couple stable et ne furent pas heureux, avec un seul enfant obtenu sans plaisir après un de leurs rares rapports sexuels.

---

20. S. Freud, *L'Interprétation des rêves*, Paris, PUF, 1967, p. 412.
21. J. Bowlby, *Attachement et perte*, tome I : *Attachment*, Paris, PUF, 1978.

L'alchimie des styles affectifs n'est pas toujours aussi triste, il arrive même qu'on tire un bénéfice d'un contrat coûteux comme nous le font comprendre M. Jambedebois et Mme Peurdetou. Il avait perdu sa jambe à la guerre, et la phobie de Mme Peurdetou avait transformé ce handicap en bénéfice. Puisqu'il se déplaçait difficilement, elle décida à grand renfort de déclarations publiques de se consacrer au handicap de son mari. Elle le soutenait car il était chancelant, elle surveillait son chapeau car il ne supportait pas le soleil, elle lui apportait chaque jour son jus d'orange qui lui permettait de ne pas mourir le soir même. Elle se faisait livrer la nourriture et commandait ses achats par téléphone parce que la moindre absence aurait éteint la flamme de bougie de M. Jambedebois. Nous admirions beaucoup cette femme et monsieur le curé disait qu'elle pourrait même devenir une sainte! Son mari, ainsi protégé, non seulement survivait mais, n'ayant pas la possibilité de se distraire, travaillait sans cesse et parvenait à une excellente réussite sociale. Jusqu'au jour où Mme Peurdetou fit une embolie et mourut. Le mari à coup sûr allait la suivre dans la tombe, une flamme de bougie... vous pensez! Il eut un profond chagrin et, pour lutter contre la tristesse, s'acheta une voiture et se mit à courir le monde, sans chapeau ni jus d'orange!

Parfois l'alliance ne bénéficie à l'un que lorsqu'il va mal. M. Onoff aimait beaucoup Mme Prédelui, mais il ne parvenait pas à comprendre ce qu'il appelait ses « pannes de courant ». La métaphore électrique lui venait en tête parce qu'il était chimiste et que pour lui tout était clair, on s'aimait ou on ne s'aimait pas, c'était « *on* » ou c'était « *off* ». Malheureusement, le courant ne passait que lorsque madame était anxieuse. Par bonheur, elle avait souvent de fortes bouffées d'angoisse au cours desquelles elle ne se sentait soulagée qu'auprès de lui. Elle lui sautait au cou et se serrait contre lui, comme elle avait appris à le faire avec sa mère. Mais, quand la bouffée d'angoisse se calmait et qu'il s'approchait d'elle, elle le ressentait comme un intrus et l'envoyait promener. Elle ne l'aimait que lorsqu'elle allait mal. C'est pourquoi, au cours d'une longue période d'amélioration, elle demanda le divorce et fut désespérée puisqu'elle ne pouvait plus être près de lui.

Mme Moidabor avait épousé M. El Dabor et tout le monde admirait ce couple tellement uni, jusqu'au jour où monsieur fit un lapsus tragique : en soutenant que son couple n'avait aucun problème, il a dit : « Ma femme et moi, on se respecte. Elle, elle fait ce qu'elle veut. Et moi, je fais ce qu'elle veut. » Un long silence a suivi cette révélation involontaire.

M. El Dabor a essayé de moins s'occuper de sa femme, mais il n'y parvint pas parce que dans son enfance il avait acquis un style affectif tellement désespéré qu'il en avait conclu qu'il ne pourrait faire un couple que s'il menait la vie de l'aimée. Cette stratégie affective terriblement coûteuse lui apportait un bénéfice énorme puisqu'elle lui a permis d'apprendre lentement à aimer d'une manière plus légère, comme un attachement sécure.

L'évolution affective est donc possible. Le style affectif acquis dans l'enfance est une tendance qui oriente les relations ultérieures, mais n'est pas une fatalité qui pétrifie l'amour. Le couple amoureux, en tant que plus petit système possible de groupe familial, constitue le lieu des interactions et le moment propice où l'on peut remanier ses apprentissages : « Ce style relationnel n'est pas l'addition des attachements de chaque partenaire... C'est une production à deux, une création [22]. » Le couple amoureux partage ce qu'il invente, il en profite ou en souffre.

L'accouplement verbal

Le style interactif des couples sécures est caractéristique. Il démontre que les inévitables tensions de l'existence trouvent des solutions grâce au « partenariat corrigé quant au but [23] » et à la « conscience réflexive [24] », ce qui est une manière de dire que le couple se parle pour s'expliquer et se coordonne pour parvenir à ses fins.

Il est possible d'observer cette manière de parler. Les couples sécures ont des tours de parole harmonisés car chacun, attentif au corps de l'autre autant qu'à ses mots, écoute ce qu'il dit et le regarde parler. Il perçoit aisément l'indice corporel, l'accélération du débit, la voix plus grave, et le regard soudain orienté vers l'auditeur qui signifient que le locuteur s'apprête à lui céder la parole. Cette danse comportemento-verbale prouve l'harmonisation des affects de ce couple qui cherche une solution sans heurts. Alors que les couples insécurisés-préoccupés, qui ont passé un contrat implicite de soins, manifestent au cours de leurs

---

22. M. Delage, B. Bastien-Flamain, S. Baillet-Lucciani, L. Lebreton, *Application de la théorie de l'attachement à la compréhension et au traitement du couple*, Toulon, à paraître, 2005.
23. M. T. Greenberg, M. L. Speltz, *Contribution of Attachment Theory to be understanding*, Hillsdale, Erlbaum, 1988.
24. P. Fonagy, N. Target, « Attachment and reflexive fonction, their role in self-organization », *Devolpment Psychopathology*, 1997, 9, p. 679-700.

bavardages une grande instabilité psychomotrice : flot intarissable de paroles, coq-à-l'âne, mauvaise désignation du sujet, comportements autocentrés, soudain dirigés vers un objet extérieur sans rapport avec la conversation. Beaucoup de coupeurs de parole révèlent par ce comportement verbal qu'ils ne sont pas attentifs à l'autre. Ils répondent à la sensation que l'autre a déclenchée en eux, ils ne s'harmonisent pas avec leur partenaire. Ils coupent la parole par crainte d'être dominés, ou simplement parce qu'ils ne tiennent pas compte du monde mental que l'autre cherche à exprimer.

Certains insécures-évitants paraissent tellement détachés que leur corps est raide avec peu de gestes, des phrases courtes, un discours froid, sans musique verbale ni mimique faciale. Leur excès de contrôle révèle un engourdissement émotionnel qui provoque souvent une sensation d'accablement chez l'interlocuteur.

Quant aux attachés désorganisés, leurs mots imprécis, leurs réponses à côté et leurs gestes inadaptés rendent leur discours difficile à comprendre et aggravent leur isolement et leur détresse [25].

Le comment de la parole révèle un monde intime dont il est possible d'observer l'ajustement avec un partenaire. Or nous savons :
• observer un style affectif acquis avant la rencontre amoureuse,
• comprendre ce qu'un jeune s'imagine de l'amour,

---

25. B. Pierrehumbert, A. Karmanolia, A. Sieye, R. Miljkovitch, O. Halfon, « Les modèles de relation : développement d'un autre questionnaire d'attachement pour adulte », *Psychiatrie de l'enfant*, tome I, 1996, p. 161-206.

- analyser la rencontre amoureuse qui s'établit grâce aux signifiants perçus sur le corps de l'autre,
- calculer l'alchimie des interactions d'un couple qui ne font jamais 1 + 1 = 2. Dans un couple fusionnel 1 + 1 = 1. Dans un couple sécure 1 + 1 = 2 + 2. Dans un couple léonin, quand l'un mange l'autre, 1 + 1 = 2 + 0.

Le temps d'apprendre à aimer

Puisque nous avons les moyens d'observer comment chaque partenaire s'imprègne dans l'autre et le modifie, nous pouvons tenter de préciser que l'entente amoureuse signe un contrat implicite dont on ne sort pas comme on y est entré. Répète-t-on la manière d'aimer ? Arrive-t-il qu'on ne puisse pas se séparer de quelqu'un avec qui on ne peut pas vivre ? Peut-on se soigner mutuellement ? Être traumatisé par l'amour ? Ou manifester une évolution résiliente ?

Dans la plupart des cas, l'amour provoque une amélioration des styles affectifs. Beaucoup d'attachements ambivalents ou évitants améliorent leur score de sérénité et évoluent vers un attachement sécure. Bien sûr, l'histoire n'est pas toujours idyllique. Il arrive que Mme Personemaime rencontre M. Moidabor. Elle sera tellement éberluée par l'amour de son compagnon qu'elle fera ce qu'il veut pour le garder un peu. M. Moidabor proposera à Mme Personemaime un contrat « Moi d'abord » qu'elle signera des deux mains. Et tout le monde sera émerveillé par ce couple stable, cet homme viril et cette femme si douce.

Les ententes thérapeutiques où chacun demande à l'autre de le soigner ne sont pas rares non plus. À double tranchant, elles peuvent soigner ou déchirer. Quand Mme Seulomonde a découvert que M. Sanzafect était disponible, elle a volé à son secours. Ils s'entraidaient beaucoup, chacun sécurisant l'autre, et l'on a pu constater une nette amélioration de leur vie quotidienne et de leur manière d'aimer. À ceci près qu'ils ne pouvaient pas se quitter tellement chacun dépendait de l'autre et qu'on a pu imaginer que si l'un se trouvait mal, il reprocherait à l'autre de ne plus le soigner.

J'ai bien connu M. Vienjetehais. Il avait épousé Mme Jenèmquemoi et l'entente du couple donnait une impression curieuse. Elle parlait de sa santé, de ses petits plaisirs, ou de son mal-être... pendant que son mari exprimait en silence de minuscules mimiques de bouche pincée et de regards exaspérés qui exprimaient clairement son agacement muet. Il la suivait partout et, quand le hasard des conversations excluait sa femme des tours de parole, c'est lui qui posait des questions pour l'inviter à parler de sa robe ou du sommeil de sa dernière nuit. Il se sentait abandonné quand elle n'était pas là et dominé quand elle était présente. Alors, il allait la chercher pour lui donner le pouvoir contre lequel il se rebellait. Ce petit scénario pouvait s'observer au cours de leurs conversations. Leur manière d'être ensemble permettait à ces enchaînés de s'aimer en grinçant.

Dans un petit nombre de cas, la passion provoque un véritable trauma où l'amoureux est submergé par une émotion qu'il ne supporte pas. Le côtoiement de l'amour et du trauma est fréquent puisqu'il s'agit d'une période critique où la personnalité du sujet peut se remanier. La plupart du temps, le virage est bien négocié mais il arrive qu'on se casse la figure quand l'intensité de l'émotion dilacère la personnalité fragile sous ce choc délicieux.

« Un amour sans souffrances n'est pas un véritable amour, m'expliquait Ginette. Je suis malheureuse d'aimer ainsi, mais je ne peux pas savoir que je l'aime si je l'aime doucement. Un amour plan-plan me décevrait. Seule une passion déchirante me donne la preuve que je l'aime et me fait en même temps souffrir de l'aimer. » Dans sa vie quotidienne, Ginette avait toujours besoin de preuves. La douleur d'une passion lui fournissait la confirmation cruelle et rassurante dont elle avait besoin. « L'amour me fait repenser à ma petite enfance où j'étais accrochée à ma mère : folle d'amour à son contact et désespérée à son moindre départ. J'ai la nostalgie de cette souffrance qui me comblait d'amour et de la sécurité qu'elle m'apportait. C'est ainsi que j'aime aimer. » L'apprentissage d'un amour ambivalent se manifestait chez Ginette à l'âge adulte par un besoin de passion douloureuse. Elle aimait son compagnon comme on adore la planche à clous à laquelle on se raccroche quand on craint de se noyer.

Nous avons suivi une petite population d'adolescents en difficulté affective et avons essayé d'évaluer leurs styles d'attachement avec leurs parents, puis après leur premier amour[26]. Dans l'ensemble, ces jeunes gens qui

---

26. En cotant sur 10 quatre colonnes de dix questions inspirées par l'autoquestionnaire d'attachement pour adultes de Blaise Pierrehumbert (Lausanne). Chaque colonne correspondait à : attachement sécure, attachement ambivalent, attachement évitant, détresse.

avaient connu une ontogenèse affective difficile se sont améliorés lors du premier amour. Malgré la difficulté, ils ont appris à aimer avec plus de bonheur et de légèreté. Leurs indices d'attachement sécure ont nettement augmenté. Ils ont découvert le plaisir de bavarder, de se faire confiance, d'accepter l'influence de l'aimé, de faire des projets, de se raconter leur passé et d'inventer quelques rituels de couple qui tissent l'intimité [27].

Le moment amoureux est un virage merveilleux et dangereux puisque quelques attachements sécures et un peu plus d'insécures s'y cassent la figure. Mais ceux qui parviennent à bien le négocier en sortent améliorés.

Souffrir de la souffrance de ceux qu'on aime

Ceux qui entourent l'amoureux l'accompagnent dans ce virage. Ce qui revient à dire que l'épanouissement, comme le traumatisme, impliquent la famille autant que l'individu [28]. Dans l'attentat du RER à Port-Royal (3 décembre 1996), certaines personnes présentes n'ont pas été traumatisées, c'est leur conjoint qui a souffert d'un

---

27. B. Cyrulnik, M. Delage, S. Bourcet, M.-N. Blein, A. Dupays, *Apprentissage, expression et modification des styles affectifs après le premier amour, op. cit.*

28. M. Delage, « Répercussions familiales du traumatisme psychique. Conséquences pour une intervention thérapeutique », *Stress et Trauma*, 2001, 1 (4), p. 203-211.

important syndrome posttraumatique[29]. On avait déjà signalé ce phénomène au cours de la guerre du Vietnam où le jumeau qui n'avait pas été au combat souffrait plus que celui qui y avait participé. De même à Beyrouth, les soldats de l'OTAN étaient plus altérés que les combattants. Et certains enfants de déportés ressentent la déportation encore plus durement que leurs parents. Ce n'est donc pas l'événement traumatisant qui est transmis et altère le proche, c'est sa représentation. Quand le blessé est bien entouré, il surmonte le trauma parfois mieux que le proche que l'on croit protégé et que l'on abandonne à l'horreur de ce qu'il imagine. Mais pour souffrir de l'idée que l'on se fait de la souffrance de ceux qu'on aime, il faut trop se mettre à leur place. On se retrouve dans la situation de M. El Dabor qui ne peut se sentir bien que s'il a tout fait pour qu'elle se sente bien. Reprenant les idées d'Anna Freud et les méthodes éthologiques de René Spitz, observant et suivant les enfants traumatisés par les bombardements de Londres, Myrna Gannagé confirme que, lors de la guerre du Liban, les enfants dont les parents ont été traumatisés sont plus altérés que ceux dont les parents ont surmonté l'épreuve. Et même les orphelins, regroupés entre eux ou recueillis dans des familles sereines, ont été mieux protégés que ceux qui sont restés dans leurs familles traumatisées[30]. C'est l'ensemble familial, le système, qui souffre ou se défend, surmonte ou plonge dans

---

29. C. Duchet, C. Jehel, J.-D. Guelfi, « À propos de deux victimes de l'attentat parisien du RER Port-Royal du 3 décembre 1996 : vulnérabilité posttraumatique et résistance aux troubles », *Annales médico-psychologiques*, 2000, 158 (7), p. 539-548.
30. M. Gannagé, *L'Enfant, les parents et la guerre. Une étude clinique au Liban*, Paris, ESF, 1999.

le psychotraumatisme. Quand une personne est blessée, sa famille aura 27 % de risques de souffrir de sa souffrance. Quand un enfant meurt, un couple sur deux se sépare dans l'année suivante. Quand une femme est violée, elle demande souvent à se séparer de son conjoint qui n'y est pour rien [31].

Sandra était garde du corps. Elle aimait la bagarre et, parfaitement entraînée, elle était renommée pour sa précision au revolver. Un soir, après avoir escorté un notable, elle décide de rentrer chez elle à pied. Un homme la suit, l'attrape et la viole sous une porte cochère. Dominée physiquement, Sandra ne parvient même pas à dégainer. Hébétée, elle rentre chez elle à petits pas après avoir erré dans les rues. Son compagnon l'attend et lui dit qu'il s'est inquiété de son retard. Alors elle explose, crie sa haine des hommes et vire le copain avec qui elle vivait agréablement. Désespérée par la solitude qu'elle venait de provoquer, elle appelle sa mère qui accourt et plonge aussitôt en dépression avec elle. Les deux femmes souffrent encore.

Odette part en croisière avec son mari. Lors d'une escale dans un petit port de la côte turque, elle se promène seule. Deux hommes la saisissent et la violent en rigolant. Elle court se réfugier dans les bras de son mari qui, sans dire un mot, part au commissariat puis cherche les agresseurs. Le bateau repart, le mari anormalement silencieux témoigne par ses comportements qu'il reste attentif à sa femme blessée. Quelques mois plus tard, leur tristesse a disparu.

---

31. M. Declercq, « Les répercussions du syndrome de stress posttraumatique sur les familles », *Thérapie familiale*, 1995, 16 (2), p. 185-195.

L'image de Sandra avait été d'autant plus gravement déchirée qu'elle n'avait pu ni se battre ni dégainer : « Je ne suis qu'une femme », répétait-elle, alors qu'avant l'agression elle démontrait sans peine qu'elle était capable de faire ce métier.

Odette humiliée, moralement blessée, en revenant au bateau avait pensé : « Mon mari ne voudra plus d'une femme souillée. » Or elle a découvert un homme décidé, qui a partagé son désarroi, puis l'a entourée par ses comportements affectueux.

L'effraction a été grave pour les deux femmes mais a évolué différemment selon l'entourage. La déchirure a fait plonger la famille de Sandra, alors que le mari d'Odette en a recousu une partie. Dans les deux situations, les familles ont été contraintes au changement. Mais alors que le système familial de Sandra s'est replié sur sa souffrance, celui d'Odette s'est ouvert, confirmant la fiabilité du couple qui a cherché à combattre l'adversité.

Comprendre n'est pas soigner

Puisque la famille peut modifier la souffrance d'un de ses membres, la culture peut aussi lui donner des sens très différents. Dans une société où les chamans ont encore un rôle à jouer comme en Sibérie, il y a peu de psycho-traumatismes. Le réel est très dur, il inflige des expériences cruelles, mais à peine un membre est-il blessé que le groupe, orchestré par le chaman, l'entoure et le réintègre grâce à des rituels magiques. Il s'agit de contrôler l'adversité au moyen de chants, de danses, de maquillages et de formules qui chassent le mauvais esprit et permettent au blessé de reprendre possession de son monde intime fracassé par l'accident. Le trauma a existé dans le réel comme une blessure parfois grave, mais le traumatisme n'a pas eu le temps de se développer puisque la meurtrissure a été aussitôt pansée par l'entourage et intégrée dans le mythe culturel.

Il s'est passé un phénomène analogue aux États-Unis après les attentats du 11 septembre 2001. Les New-Yorkais n'avaient pas une réputation de grande tendresse : « Si quelqu'un tombe dans la rue, on l'enjambe pour ne pas arriver en retard au bureau », disait le stéréotype. L'incroyable horreur des tours qui s'effondraient en brûlant a instantanément provoqué un réflexe de solidarité : les familles, les amis et même les inconnus sont accourus pour aider les New-Yorkais en difficulté. On n'avait jamais vu autant de restaurateurs dresser des tables dans la rue afin que les sauveteurs puissent se reposer et s'alimenter gratuitement avant de se relancer dans la bataille. Le monde entier a cherché à comprendre ce qui s'était passé et à faire des projets afin de se défendre... ou de contre-attaquer. Dans le réel, le coup a été immense, mais dans les années qui ont suivi l'attentat, la culture new-yorkaise a changé : on se parle, on s'invite, on s'entraide et le taux de suicide n'a jamais été aussi bas depuis 1930 ! Le chaman sibérien et le restaurateur new-yorkais nous permettent de comprendre à quel point la culture participe au traumatisme.

On n'a jamais si bien entouré nos enfants. On n'a jamais si bien compris leur monde intime et pourtant, ils n'ont jamais été autant déprimés et anxieux. Tout le monde s'en étonne, sauf si l'on admet que comprendre n'est pas soigner, et qu'il n'y a pas de progrès sans prix à payer. À l'époque encore récente où la technologie ne nous permettait pas de nous abstraire du monde sensible, les corps constituaient les principaux outils pour agir sur le réel, mieux que les machines. Les hommes produisaient du social avec leur dos et leurs bras en descendant à la mine et les femmes qui déjà travaillaient beaucoup aux champs et dans les usines pérennisaient cette culture avec leur ventre en mettant au monde des futurs soldats, ouvriers, paysans ou princesses. Aujourd'hui, ceux qui savent commander aux machines commandent au monde et cette victoire a pour effet de créer une humanité vir- tuelle avec un monde affectif extrêmement dilué. Au Moyen Âge, on vivait dans un monde de représentations qui nous permettaient de mieux supporter la mort des enfants, ou la famine fréquente. Aujourd'hui, grâce à nos progrès techniques, nous contrôlons mieux ce réel, mais les hommes ne peuvent plus faire l'offrande de leur travail aux femmes puisqu'elles gagnent leur vie elles-mêmes. Et les femmes assument moins leur rôle de liant familial puisqu'elles n'acceptent plus de se sacrifier. Ces progrès permettent de mieux maîtriser les coups portés par le réel et d'épanouir les personnalités, quel que soit le sexe, mais la dilution des liens constitue l'effet secondaire de cette amélioration puisque chacun a moins besoin de l'autre pour survivre et se développer. Nos progrès techniques et culturels évitent un grand nombre de traumas réels mais, en cas de malheur, nous empêchent de maîtriser leurs conséquences psychiques en supprimant l'effet chaman.

Un autre effet secondaire de l'épanouissement des personnalités se trouve dans la déparentalisation. Le salariat, incontestable progrès technique, donne un grand confort aux hommes et une très grande liberté aux femmes. En Suède où la classification sociale se fait moins sur la hiérarchie des compétences (les experts en haut, les moins qualifiées en bas), on constate que les hommes s'épanouissent mieux dans les entreprises privées et que les femmes se socialisent mieux dans les structures salariées stables comme la médecine d'État ou les institutions publiques [32]. Ce qui revient à dire qu'en cas de trauma le salariat qui sécurise et engourdit les hommes protégera mieux les femmes et que l'État qui participe à cette émancipation modifie et sexualise les tuteurs de résilience.

Depuis trois décennies, la transformation des liens du couple et des rôles parentaux a complètement changé la structure familiale dans laquelle se développent nos enfants. Leur monde sensoriel, les rythmes quotidiens, l'investissement parental ne sont plus les mêmes. Il y a cinquante ans, une petite fille était mise au monde pour soutenir la vie familiale et un petit garçon était voué à devenir le « bâton de vieillesse » de ses parents dans une société dépourvue de caisses de retraite. Les bébés ne sont plus pensés ainsi, la filiation est métamorphosée. L'enfant ne descend plus de ses parents, c'est plutôt lui qui ordonne le foyer, rythme les journées, les sorties, les vacances et les déménagements. L'instabilité croissante des nouvelles structures familiales crée des systèmes à polyattachements qui parfois conviennent à l'enfant en lui

---

32. A. M.-Blanc, « Les femmes dans la protection maternelle et infantile : une problématique de la place de la femme dans la société actuelle », thèse de troisième cycle, UFR Sciences sociales, Aix-Marseille-I, janvier 2000.

permettant d'échapper à un parent tyrannique ou psychiquement altéré, mais qui peuvent aussi disposer autour
de lui quelques adultes dont l'attachement fugace ne permet pas d'acquérir une affection sereine.

L'avenir de cette manière d'aimer n'est pas assuré.
Les groupes sociaux, les familles ou les individus qui
pensent que l'aventure de la personne est une valeur prioritaire défendront ces styles affectifs. Mais ceux qui sont
angoissés par l'aventure de l'autonomie découvriront les
vertus des mariages arrangés « à la moderne » où les
adultes proposent aux jeunes gens un petit choix de
possibles. Ils pourront ainsi rencontrer quelques pré-
tendants désignés à l'intérieur d'un groupe religieux,
social ou racial, afin que le sentiment d'appartenance soit
préservé. Le lien entre les générations sera renforcé
par le respect des anciens, l'acceptation de leurs valeurs
et l'aide affective et matérielle qu'ils en recevront en
retour.

L'aiguillage entre ces deux stratégies sociales du
couple se fera par le contexte. Quand l'aventure de l'autonomie est difficile, l'appartenance à un groupe prend un
effet sécurisant. Il indique la voie à suivre et le lot des partenaires sexuels parmi lesquels il convient de choisir. Mais
quand le contexte social s'améliore, quand le travail est
facile, le logement accessible et la morale tolérante, le
poids parental devient une entrave à la poursuite de l'épanouissement du jeune. Ce paradoxe n'est pas une contradiction puisque l'on a appris que l'affection parentale
constitue la base de sécurité qui donne au jeune la force
de sortir du cocon familial. Dans un contexte social aisé,

le conflit devient un espoir libérateur [33]. Dans une société difficile, on se soumet avec bonheur au groupe familial, on s'y réfugie, il nous sécurise et nous tutorise. Mais, dans une civilisation tolérante, la famille qui donne au jeune la force de partir prend un effet d'entrave si elle n'est pas relayée par une communauté accueillante.

33. G. E. Armsden, E. McCawley, M. T. Greenberg, P. M. Burke, « Parent and peer attachment in earlier adolescence and depression », *Journal of Abnormal Child Psychology*, 1990, 18, p. 683-697.

V

L'ENFER EN HÉRITAGE

Mémoire et culpabilité

Ce que nous transmettons à nos enfants dépend probablement d'un ensemble de forces à la fois bénéfiques et maléfiques qu'ils apprennent à l'insu de leurs partenaires et qu'ils intériorisent sans le savoir. La transmission est inévitable puisqu'on ne peut pas s'aimer et se côtoyer sans transmettre. Comment s'effectue la transmission et qu'est-ce que ça modifie dans le monde intime des partenaires ? Voilà l'énigme. On rencontre sans peine beaucoup d'enfants et de petits-enfants dont les parents et grands-parents ont été traumatisés. En étudiant le devenir des parents blessés et celui de leurs enfants, on peut tenter d'éclairer ce problème.

Deux cent mille survivants des persécutions nazies habitent aujourd'hui en Israël. Ils étaient très jeunes à l'époque de la Shoah, mais il est possible d'évaluer la manière dont ils ont vécu l'immense blessure pendant cinquante ans. La plupart (90 %) ont passé leurs petites

années en Europe de l'Est dans des familles aisées et culti-
vées [1]. Quand la guerre est survenue, les plus grands sont
devenus résistants dès l'âge de 14-15 ans (8 %), un sur
trois est allé dans les camps de la mort, et 59 % ont été
cachés.

Les enfants qui ont survécu aux camps ont traversé
une vie constamment dépressive. Les enfants cachés ont
connu une évolution comparable. Ils ont été moins blessés
par le réel de la guerre, mais leur personnalité s'est développée autour d'une interdiction de s'affirmer : « Si tu dis
qui tu es, tu vas mourir et ceux qui t'aiment mourront à
cause de toi. » Beaucoup de survivants des camps, après
avoir subi l'horreur du réel, ont connu par la suite cette
interdiction culturelle de témoigner : « Ce qui t'est arrivé
est effrayant, dégoûtant, n'en parle plus. Il faut tourner la
page. » Dans les deux cas, les survivants devenus adultes
ont continué à répondre à l'image gravée dans leur
mémoire : « Tu es dangereux et dégoûtant. » Pour eux, la
fin de la guerre n'a été que le début d'une autre manière
d'être malheureux.

Les grands enfants résistants ont assez peu souffert
de dépression chronique. Dans leur mémoire, ils se faisaient d'eux-mêmes une représentation victorieuse. Malgré la souffrance, ils étaient fiers, et ce sentiment les a
euphorisés dans le malheur.

Quels que soient l'âge du traumatisme et les conditions de sa survenue, presque tous ont partagé deux traits
caractéristiques des blessés qui s'en sortent : la culpabilité et l'hypermémoire. Curieusement, la culpabilité les a

---

1. R. Robinson, « The present state of people who survived the
holocaust as children », *Acta Psych. Scand.*, 1994, 89, p. 242-245.

socialisés car, rendus hypersensibles aux malheurs du monde, ils ne sont parvenus à calmer ce sentiment pénible qu'en s'engageant dans un combat social. Alors, ils ont lu, ils ont rencontré, se sont fâchés, amusés et aimés, accumulant ainsi plusieurs facteurs de résilience. Les enfants qui ont vécu dans des milieux qui empêchaient de tels engagements sont difficilement devenus résilients.

L'hypermémoire des traumatisés constitue soit une séquelle, soit un point fort de la personnalité selon l'usage que les contextes familiaux et culturels permettent d'en faire. Quand le milieu empêche de remanier cette mémoire, les sujets restent prisonniers du passé. Les images imprégnées dans leur cerveau, à cause de l'extrême émotion provoquée par l'événement, expliquent la reviviscence des figures terrifiantes auxquelles ils pensent dans la journée et qui reviennent la nuit sous forme de cauchemars. Mais quand la famille, le quartier ou la culture donnent au blessé l'occasion de s'exprimer, cette hypermémoire alimente avec précision des représentations d'idées, de productions artistiques ou d'engagements philosophiques qui, en donnant sens à leur vie d'hommes meurtris, leur offrent un précieux facteur de résilience. Autour de l'hypermémoire du trauma les repères sont flous, car le sujet médusé par l'agresseur n'a pas la souplesse d'esprit d'un enfant sécurisé. Le traumatisé se soumet à son histoire ou s'en libère en l'utilisant. Tel est son choix : contrainte à répéter ou à se dégager.

Souffrir et se construire : quelle transmission [2] ?

Quand on fait un bilan de cinquante ans d'existence après l'horreur, on constate que la plupart des rescapés ont malgré tout fait une famille et réintégré la société avec un monde intime douloureux par moments et un style existentiel particulier. Mais la grande surprise a été de noter que leurs difficultés intimes n'ont pas empêché de belles réussites sociales. Peut-être même au contraire, leur contrainte à se dégager de l'horreur leur a donné un courage excessif. Se bagarrer pour ne pas sombrer les a aidés à une réussite sociale dissociée d'un monde intérieur encore endolori.

De grands succès scolaires sont probablement attribuables à de telles défenses [3]. L'enfant anxieux se sent mal dès qu'il lève la tête hors de ses livres, l'enfant maltraité ne reprend sa dignité qu'à l'école, l'enfant abandonné ne se sent aimé qu'au lycée, l'enfant d'immigré ne peut donner valeur à la souffrance de ses parents qu'en triomphant dans la société. Tous ces courages morbides expliquent leurs réussites sociales accompagnées de difficultés intimes. Ces succès paradoxaux constituent un bénéfice secondaire de leurs défenses névrotiques. Beaucoup d'anxieux et de craintifs sociaux ne se sentent bien que dans les cadres balisés de l'école ou des circuits institutionnels. Cette adaptation peut conduire à une réussite scolaire ou sociale mais ne peut pas être appelée résilience. Pour

2. M.-P. Poilpot (dir.), *Souffrir mais se construire. Fondation pour l'enfance*, Ramonville Saint-Agne, Érès, 1999.
3. E. Bouteyre, Réussite et résilience sociales chez l'enfant de migrants, Paris, Dunod, 2004.

employer ce mot, il faudrait que le sujet ait réalisé un travail de remaniement émotionnel de l'idée qu'il se fait de sa
blessure. Or ces réussites paradoxales qui ont bénéficié
d'un traumatisme en s'y adaptant n'en remanient pas la
représentation. Non seulement il ne s'agit pas d'une résilience, mais, plus tard, ce type de défense laisse resurgir le
traumatisme que l'on croyait avoir oublié, alors qu'il était
simplement évité ou enfoui. Le retour à la vie après une
agonie psychique provoquée par un traumatisme a donc
été possible quand les conditions intimes ont pu s'articuler
avec un voisinage et une culture qui ont tutorisé la renais-
sance. Le sujet résilient devient alors un parent étrange,
passionnant et inquiétant pour l'enfant qui doit se
développer à son contact.

On possède aujourd'hui une méthode à la fois linguis-
tique et éthologique qui permet de rendre observable la
façon dont le monde intime d'un tel parent peut tutoriser le
développement de l'enfant qui s'attache à lui. Il ne s'agit
pas d'une transmission de pensée et pourtant, le psychisme
du parent entraîne un développement particulier de
l'enfant.

Mary Main fut la première à tenter ce raisonnement.
Le temps de l'âme n'est pas le même que le temps du
monde [4], mais la manière d'en parler traduit une parcelle
d'âme et la met dans le monde. C'est pourquoi cette lin-
guiste, dans un premier temps, a analysé la structure narrative de femmes enceintes. Douze mois plus tard, elle a
observé comment les enfants de ces femmes établissaient
avec elles leurs échanges affectifs, et dix-huit mois plus

---

4. M. Gilbert, *L'Identité narrative*, Genève, Labor et Fidès, 2001,
p. 37.

tard, elle a tenté de voir comment ces enfants s'attachaient à leur père [5]. Les résultats sont clairs : le monde intime de la mère, sa manière de parler, permet de prédire comment l'enfant va apprendre à aimer. Mais la simple présence du père peut modifier ce style.

Il y aurait schématiquement quatre styles narratifs qui mettent une parcelle d'âme dans le monde des choses :

- Un discours « autonome-sécure » où la mémoire sémantique est congruente à la mémoire épiso-dique, où les mots décrivent des souvenirs d'images adéquates : « J'aimais beaucoup quand ma mère me demandait de préparer mon sac pour les vacances. »
- Un discours « détaché » qui cloisonne ces deux formes de mémoire. Les représentations verbales peuvent se séparer des représentations d'images : « Ma mère était bonne... Elle m'enfermait dans ma chambre quand elle partait en vacances. »
- Un discours « préoccupé », vigilant, fasciné par une épreuve passée : « Je pense tout le temps à ce qui m'est arrivé, je me revois dans le placard, je revois des images de ma mère partant en vacances, je cherche à comprendre. »
- Un discours « désorganisé », hébété, s'exprimant par des images et des mots désordonnés qui mettent dans le réel des fragments d'âme confuse : « Ma

---

5. M. Main, N. Kaplan, J. Cassidy, « Security in infancy, childhood and adulthood : a move to the level of representation », *in* I. Bretherton, E. Waters (éd.), « Growing point of attachment theory and research », *Monographs of the Society for Research Child Development*, 1985, 50 (1-2, Serial n° 290), p. 66-104.

mère partait avec moi dans un placard, en vacances sans moi. »

Un an plus tard, les enfants sont observés dans la situation standardisée qui permet de décrire leurs façons d'aimer. Ils expriment schématiquement quatre styles affectifs [6] :

- Un attachement serein quand douze mois plus tôt, avant même leur naissance, leur mère avait exprimé un discours sécure.
- Un attachement évitant quand leur mère avait exprimé un style narratif détaché.
- Un attachement ambivalent quand leur mère parlait de manière préoccupée.
- Et un attachement confus quand leur mère était désorganisée.

Ce n'est donc pas le contenu du monde intime de la mère qui est passé dans l'enfant, c'est un fragment d'âme, mis en formes verbales qui a constitué l'alentour sensoriel de l'enfant, et lui a appris une manière d'aimer. Quand ces scénarios de comportement verbal se routinisent à une période de développement où l'enfant possède une hyper-mémoire biologique, ce comment de la parole maternelle tutorise les apprentissages affectifs de l'enfant.

---

6. M. D. S. Ainsworth, M. C. Blehar, E. Waters, S. Wall, *Patterns of Attachment : Assessed in the Strange Situations at Home*, Hillsdale, Erlbaum, 1978.

Corps à corps et transmission mentale

Cet acte qui transporte une parcelle du monde mental de l'un pour l'imprégner dans l'autre a été observé depuis longtemps chez les animaux. Lorsqu'une femelle macaque a été isolée dans son enfance, cette privation affective a fortement altéré ses développements. Lorsqu'elle devient pubère, son flux hormonal la motive pour la sexualité, mais son développement carencé ne lui a pas permis d'apprendre les rituels d'interaction qui facilitent la rencontre sexuelle. Motivée par la présence des mâles, elle s'en approche, mais, effrayée par son incapacité à entrer en interaction avec eux, elle les mord ou s'enfuit. Il faut donc l'attraper pour lui faire une insémination artificielle. Quelques mois plus tard, le petit qui vient de naître ne peut se détacher de sa mère. Il la suit, ne la quitte pas des yeux et guête le moindre de ses comportements. Fasciné par cette mère défaillante, il ne peut pas apprendre à jouer donc à se socialiser dans son monde de petit macaque. Si bien que, lorsqu'à son tour le flux hormonal de la puberté le motive pour la sexualité, il s'approche des femelles qui l'attirent et les mord ou s'enfuit... comme sa mère le faisait bien avant sa naissance[7] ! Une observation directe de cette pathologie ne pourrait jamais permettre de comprendre que l'origine du trouble de ce jeune singe s'explique par une carence affective subie par sa mère quand elle était petite. Déjà,

_____

7. H. F. Harlow, « Love created, love destroyed, love regained », *in Modèles animaux du comportement humain*, Paris, Éditions du CNRS, 1972, p. 27 et 49.

chez les animaux, pour répondre au problème de la transmission intergénérationnelle, il faut faire des observations longitudinales.

Quelques années plus tard nous parvenions à démontrer que le monde mental des propriétaires de chiens pouvait façonner le comportement de leurs animaux [8]. Un jeune couple achète un fringant dalmatien puis adopte « Pupuce », un chien des rues moustachu. Le dalmatien racé domine le chien voyou jusqu'au moment où le couple divorce. Chez Madame qui préfère le fringant dalmatien, Pupuce continue à se laisser dominer, à manger après le chien préféré, à dormir au loin et s'écarter sur son passage. Mais chez Monsieur qui préfère Pupuce, les rapports s'inversent et c'est le dalmatien qui baisse la tête, met la queue entre les jambes, mange mal, sursaute pour un rien, a des incontinences urinaires et se tient à l'écart. Une représentation intime dans le monde des humains pouvait donc se transmettre sans paroles, au corps à corps, médiatisée par la biologie des interactions et agir sur le monde émotionnel d'un chien, l'épanouir ou l'entraver.

À la même époque, les spécialistes de la famille constataient que certains effets se transmettaient à travers les générations pour le meilleur ou pour le pire, sous forme de « dette » ou de « conflit de loyauté [9] ». Le monde vivant semblait organisé autour d'une chaîne de forces qui, partant du monde mental de l'un parvenait à modifier l'autre. « Les psychanalystes ont mis assez longtemps à intégrer

---

8. B. Cyrulnik, F. Cyrulnik-Gilis, « Éthologie de la transmission des désirs inconscients. Le cas "Pupuce" », *L'Évolution psychiatrique*, 1980, t. XLV, fasc. III, p. 553-566.
9. I. Boszormenyi-Nagy, J.-L. Framo, *Psychothérapies familiales*, Paris, PUF, 1980.

ce concept (de transmission intergénérationnelle) dans leurs modélisations dont il fait désormais partie à part entière [10]. »

On ne conteste plus aujourd'hui que l'état d'esprit des parents, leur humeur, leur histoire qui les rend gais ou tristes, et qui attribue une signification privée à chaque objet, à chaque événement, structure en même temps l'image qu'un enfant se fait de lui-même. L'intersubjectivité n'est pas une transmission de pensée et pourtant, les représentations intimes de l'un modifient la manière dont l'autre se sent. C'est l'attachement qui, par ses gestes, ses mimiques parfois minuscules et son style narratif, véhicule la transmission et lui donne sa puissance [11].

Les confirmations expérimentales sont nombreuses [12] et l'on peut maintenant comprendre comment se fait la transmission intergénérationnelle d'une blessure ou de sa résilience.

La propagation des mondes mentaux est véhiculée par les rituels d'interaction entre une mère et son enfant. En fait, toute figure d'attachement a ce pouvoir : les pères, la fratrie, les amis et toute personne aimée peuvent modifier le style affectif de base, le renforcer ou l'annihiler, selon la conjugaison des styles affectifs. Quand un père parle de ses relations passées avec ses propres parents, il raconte en fait

---

10. B. Golse, « Transgénérationnel », *in* D. Houzel, M. Emmanueli, F. Moggio, *Psychopathologie de l'enfant et de l'adolescent, op. cit.*, p. 743.
11. D. Stern, « Intersubjectivité, narration et continuité dans le temps », Journées SFPEADA, « La communication et ses troubles », Caen, 14 mai 2004.
12. Ricks (1985), Grossman (1988), Fonagy (1991), Ward (1995), Main (1996), Zeanah (1996).

comment il a appris à aimer. Ceci permet de prédire la manière dont il va entourer son futur enfant. Cette bulle sensorielle de gestes, de sourires et de musiques verbales, baigne l'enfant dans une enveloppe de signifiants. Ainsi se matérialise la partie perceptible de l'histoire paternelle qui s'imprègne dans la mémoire du petit.

Transmission des manières d'aimer

Il est difficile, dans ce type de transmission, de dire qu'une seule cause provoque un seul effet puisqu'une blessure maternelle peut transmettre à l'enfant une impression qui sera peut-être modifiée par l'histoire paternelle, puis par les réactions émotionnelles de la famille ou du voisinage et enfin par les récits que la culture fera de cette blessure. Chacune de ces sources exerce une pression et provoque une empreinte mnésique dont la force dépend du style d'attachement et de la distance affective. Si ma boulangère dit qu'elle ne m'aime pas, je serai troublé pendant quelques secondes, mais si ma femme prononce la même phrase, les conséquences seront graves.

Cela explique que tous les attachements ne se transmettent pas de la même manière. Quand on observe la manière dont le lien se négocie dans une population de mères au style narratif « préoccupé », on note sans difficulté que ces femmes sont constamment en alerte et soucieuses de leur passé. Mais il faut bien constater que tous les enfants n'en sont pas altérés et qu'un nombre non négligeable d'entre eux ont quand même réussi à apprendre un attachement serein alors qu'ils se sont développés au contact d'une mère accablée et anxieuse [13].

Deux types de liens se transmettent puissamment : l'attachement sécure où le petit se développe avec plaisir, et l'attachement désorganisé où toute information provoque une détresse. Les autres attachements se transmettent plus faiblement car, autour de l'enfant, le père, la grande sœur, une tante, un copain d'école, un prêtre, un moniteur de sport proposent à l'enfant un autre tissage de lien qu'il peut agripper pour échapper à la fatalité de la transmission. Ce travail, à peine conscient, facile dans une ambiance sereine, devient douloureux dans une famille en détresse. Une évolution résiliente reste pourtant possible puisqu'il existe autour de l'enfant d'autres possibilités de liens [14]. Sans compter que l'affectivité qu'une mère adresse à son enfant est toujours modifiée par le lien qu'elle tisse avec son mari. Même la routine des soins quotidiens est modi-fiée par ceux qui entourent la mère : « Pour aider une mère à révéler à elle-même sa capacité de holding [maintien], il suffit de s'occuper d'elle d'une manière qui reconnaît la nature essentielle de sa tâche [15]. » Cette phrase de Winni-cott me fait penser à cette dame qui avait été gravement maltraitée par son père. Elle m'a expliqué qu'au moment précis où elle mettait son petit garçon au monde elle a res-

13. P. Fonagy, « Mental representations from an intergenera-tionel cognitive science perspective », *Infant Mental Health Journal*, 1994, 15, p. 57-68.

14. C. Mareau, « Mécanismes de la résilience et exploitation sélective des compétences au sein d'une relation mère-enfant potentiellement pathogène », thèse de doctorat, université Paris-V, juin 2004.

15. D. W. Winnicott, *De la pédiatrie à la psychanalyse*, Paris, Payot, 1971.

senti une violente bouffée d'angoisse car, a-t-elle dit : « J'ai vu mon père entre mes jambes. » Cet exemple illustre à quel point on répond à une perception présente (l'enfant en train de naître), qu'on met en liaison avec une représentation de soi imprégnée dans sa mémoire (une enfance maltraitée). Puis cette dame avait ajouté : « Quand je suis seule avec mon garçon, je pense sans arrêt à mon père et je maltraite l'enfant pour me défendre. Mais il suffit que mon mari soit présent pour que je me sente sa femme et que je n'éprouve plus l'enfant de la même manière. »

On peut déduire de cette observation que les cultures qui organisent des systèmes familiaux à polyattachements autour d'un enfant augmentent les protections affectives et, en cas de malheur, la possibilité de résilience. À condition de ne pas confondre un polyattachement stable, sécurisant et dynamisant, à la fois routinier et stimulant, avec un groupe de bourdons qui viennent et qui s'en vont, sans possibilité d'attachement. Quand tout change sans cesse, le milieu ne donne pas au petit le temps d'imprégner dans sa mémoire un style relationnel qui, par sa répétition, devient un trait de sa personnalité. Dans un tel système instable, la probabilité d'attachements insécures est plus grande. Ce qui revient à dire qu'il faut qu'un enfant soit élevé par un groupe d'adultes différenciés par leurs âges et leurs rôles, et associés par leurs affections et leurs projets.

On retrouve ainsi le schéma des psychanalystes anglais [16]. S'il y a un chaos affectif autour de l'enfant, c'est

16. P. Fonagy, M. Steele, H. Steele, G. S. Moran, A. C. Higgit, « The capacity for understanding mental states : the reflective self-parent in mother and child and its significance for security of attachment », *Infant Mental Heath Journal*, 1991,12 (3), p. 201-218.

l'attachement désorganisé qui s'imprégnera probablement dans ses apprentissages, mais si, à l'inverse, l'enfant se développe dans une prison affective, c'est le traumatisme de la mère ou de la figure d'attachement qui sera directement transmis en pleine tête de l'enfant.

Mme Lou avait eu une enfance terrifiante avec des parents alcooliques qui se battaient entre eux et battaient les enfants tous les jours, absolument tous les jours. Mme Lou répétait : « Je déteste les hommes », car elle pensait qu'ils étaient la cause de tous les malheurs. Elle a fait ce qu'il faut pour avoir un enfant, le minimum sexuel pour porter un bébé dont elle attendait tous les bonheurs. À peine enceinte, elle a renvoyé le planteur d'enfant qu'on ne peut pas nommer « père » et s'est retrouvée, comme elle le souhaitait, seule avec son bébé espoir. À peine la petite fille fut-elle mise au monde que la mère paniquée injuriait le personnel soignant en criant : « Vite, faites quelque chose, vous voyez bien qu'elle veut mourir. » Le bébé était beau et en bonne santé, il faisait simplement son boulot de bébé respirant, tétant et dormant, mais sa mère lui attribuait sa propre fascination pour la mort et s'affolait en percevant ce qu'elle projetait sur lui. La première année fut une période d'amour passion où la vie de la mère s'organisait autour du bébé, alternant des moments d'intense bonheur avec de terribles angoisses de mort chaque fois que le bébé avait un petit rhume ou un spasme digestif. La petite fille était âgée d'un peu plus de 3 ans quand sa mère a téléphoné au psychologue en pleurant parce que l'enfant lui avait tapé dessus et qu'elle ne savait pas que faire. À l'âge de 10 ans, l'enfant a dit : « J'ai mal au ventre, j'espère que c'est grave. » La petite fille avait 12 ans quand elle a déclaré : « J'aimerais mourir avec

ma mère, mais j'aimerais qu'un homme nous tue. » Par
bonheur, à l'adolescence, la sœur de Mme Lou qui avait
été maltraitée elle aussi, mais avait évolué vers une forme
de résilience, a permis de mettre un peu de distance entre
ces partenaires tragiques. La prison affective constituée
par la mère en détresse qui avait trouvé dans le bébé son
seul espoir de vivre, avait permis pratiquement la transmission d'un contenu de pensée. Pour lutter contre sa
détresse affective, la mère avait surinvesti son bébé espoir
avec qui elle imaginait un amour parfait. Cette représentation maternelle avait provoqué dans l'enfant « une relation
hypnotique [...] une véritable empreinte [...] qui avait
amorcé la construction psychologique de la relation à
deux [17] ». Mais cette empreinte exclusive donnait à la
moindre séparation un goût d'abandon et de désespoir
mortel. La mère disait : « Je ne veux pas qu'elle parle, ça
l'éloignerait de moi... Je ne veux pas qu'elle ait des amis, je
veux qu'elle n'aime que moi... Je ne veux pas qu'elle aille à
l'école. » Une mère à l'attachement sécure aurait eu du
plaisir et du soulagement à voir sa fille se développer ailleurs que dans ses jupes. Mme Lou éprouvait un intense
sentiment de bonheur quand elle serrait sa fille contre
elle. Mais cette extase réveillait presque aussitôt une
angoisse d'abandon parce que l'enfant désirait parler et
aller à l'école. Cette manière d'aimer a permis la transmission d'une pensée parce que la petite prisonnière n'a
pas pu rencontrer un autre type d'attachement qui lui
aurait permis d'échapper à l'amour terrifiant de sa mère.
L'empreinte a été transmise d'âme à âme par la proximité
des corps, sans possibilité de dégagement.

---

17. P. Brenot, *Le Sexe et l'Amour*, Paris, Odile Jacob, 2003.

Le travail des mots permet une mise à distance affective, une vision éloignée, à condition de s'adresser à quelqu'un d'autre pour faciliter ce recul. La manière de parler compose une bulle sensorielle, une enveloppe de signifiants qui entoure l'enfant et le pénètre par les canaux de communication établis entre les partenaires du lien. Il est rare que cet alentour soit exclusif. La plupart du temps, la mère et l'enfant aiment quelqu'un d'autre, ce qui empêche toute situation de capture affective. L'existence d'une constellation d'attachements protège l'enfant. À l'inverse, en cas de capture affective, les mères confuses transmettent un attachement confus dans 90 % des cas. Les mères sécures, elles, ne transmettent l'attachement sécure que dans 75 % des cas parce que le père peut marquer une empreinte moins favorable ou parce qu'une sœur ou un autre membre du groupe familial peut participer au tissage d'un lien plus difficile. En revanche, les mères insécures évitantes ou ambivalentes ne transmettent ce malaise relationnel que dans 50 % des cas parce que l'enfant, se sentant mal avec ce parent, cherche à se développer au contact d'un autre. La transmission affective est une tendance qui peut se modifier si l'entourage organise autour du petit une enveloppe constituée de différents attachements. L'enfant peut ainsi échapper au malheur d'un parent.

Comment transmettre un traumatisme

Lucie avait 5 ans quand ses parents, journalistes, ont engagé comme gouvernante Irène qui revenait d'Auschwitz. Ravie, la jeune femme a laissé ses deux enfants dans les familles d'accueil où ils avaient été cachés pendant la guerre. Ils s'y plaisaient beaucoup et Irène avait eu honte de se présenter à eux comme une revenante. Dans ce foyer de journalistes, on était gai tous les jours, car on n'était pas obsédé par l'horreur du passé. Irène a eu le sentiment de pouvoir y revivre, alors qu'en rentrant chez elle tout le monde savait qu'elle avait perdu son mari et deux de ses enfants. La simple présence des témoins familiaux lui rappelait l'horreur qu'elle voulait fuir. Irène aimait la vie et désirait échapper au passé. La présence muette des survivants de sa famille l'en empêchait, alors que dans ce foyer de journalistes on ne parlait que d'avenir. Pendant quelques années tout fut parfait, le bonheur revenait après le cauchemar. Dans sa famille d'origine où l'on portait tous les deuils, une telle euphorie aurait choqué, mais chez le couple de journalistes on évoquait en souriant la force du caractère d'Irène. Elle avait vaguement honte de son bonheur, alors elle évitait de se retourner sur son passé. Une partie d'elle-même dégustait le quotidien et participait à la fête en inventant de joyeuses surprises pour les enfants du quartier, des goûters théâtre, des banquets inattendus, de douces chansons yiddish pour bercer Lucie. Le bonheur, quoi, et le talent du bonheur.

La partie sombre d'Irène lentement s'étendait et l'ombre du passé chaque soir revenait. Le bonheur devenait moins certain. La petite Lucie adorait Irène et son aisance à transformer en poésie le moindre événement. Un soir, l'enfant lui demanda de traduire une chanson, si douce, si belle, et si triste : « *Es brennt, briederler, es brennt...* », « Pourquoi ça brûle ? », demanda Lucie. Irène fut prise d'un flot d'angoisse, c'est ça, « un flot », ce n'était pas une bouffée comme on dit d'habitude, c'était un flot d'images et d'émotions qui soudain l'ont submergée. Irène qui chantait, riait sans cesse et parlait beaucoup, avait bouclé comme dans un coffre, comme dans un cercueil, une partie de son passé, de sa personnalité, de ce qui la constituait, une énorme mort à l'origine d'elle-même, son mari mort, deux de ses enfants morts, ses parents morts, presque toute sa famille morte, un grand nombre de ses amis morts, de ses voisins morts, de sa culture morte, de son pays d'origine mort. Comment vivre avec ça quand on aime la vie ? On fuit ceux qui survivent et rappellent les morts. On vit sur une minuscule partie de soi-même, on rit, on parle, on chante quand on a la chance d'être gouvernante dans une famille de gens si sympathiques et qu'on a la faveur d'être aimée par leur enfant.

Alors Irène a eu besoin de répondre à Lucie qui s'apprêtait à s'endormir, et elle a raconté le voisin si gentil qui venait chaque soir manger des harengs à la crème avec un petit verre de vodka et qui un jour, entouré de trente inconnus, est venu casser les meubles et la tête de son père, elle a raconté ses enfants si mignons, si propres et bien élevés, les deux disparus qu'elle avait aperçus une dernière fois, sales et décharnés, elle a raconté l'absurde violence de la police, la sensation de mort imminente, les dénonciations de voisins, et les passants humiliants.

Le soir même, Lucie souffrait des premiers symptômes d'un psychotraumatisme provoqué par une horreur que l'enfant n'avait pas connue mais que l'adorable Irène venait de transmettre d'âme à âme.

Le clivage avait permis à Irène de moins souffrir de l'horreur passée. Une partie de sa personne s'épanouissait dans le réel de l'après-guerre, tandis que l'autre, la partie sombre était tenue à l'écart afin d'éviter le retour de la douleur. Parfois même, la jeune femme s'offrait un passé imaginaire qui lui permettait de dénier le réel terrifiant. Quand les moments de solitude laissaient resurgir les souvenirs terribles, Irène s'en défendait en imaginant qu'elle avait envoyé ses deux fils disparus acheter du lait, juste avant l'arrivée des miliciens, sauvant ainsi les enfants de la mort. Elle se réjouissait de cette illusion. Elle inventait parfois un autre scénario où elle modifiait le souvenir de l'assassinat de son père. Le gentil voisin n'avait pas fracassé les meubles et la tête de son père, il s'était même interposé et avait arrêté le saccage meurtrier en expliquant que cette famille travailleuse n'avait commis aucun crime. Alors la meute, soudain calmée, se retirait. En modifiant la représentation de son histoire, Irène vivait mieux le présent mais n'affrontait pas le malheur passé. Dès que sa vigilance diminuait, dès qu'elle cessait d'être gaie et de s'engager dans des actions poétiques, généreuses, inventives qui plaisaient tant à la famille de journalistes, les traces du passé resurgissaient. Elles avaient été contenues par cette adaptation antalgique, elles n'étaient pas remaniées par un travail de résilience. C'est pourquoi un soir, au moment où Lucie et sa gouvernante s'engourdissaient côte à côte, en toute confiance affectueuse, les paroles terribles avaient surgi dans le sombre de la chambre à coucher, au moment où l'enfant s'endormait, transmettant le traumatisme directement, d'âme à âme. Après cette nuit, pendant quarante ans, Lucie a fait des cauchemars et a vécu dans la crainte que ses voisins entrent chez elle pour tout casser. Mais c'est elle qui aujourd'hui fait le travail de résilience qu'Irène n'a pas pu faire. C'est Lucie, devenue adulte, qui affronte le passé d'Irène, fait des enquêtes sur la Shoah, s'engage dans des actions militantes où elle a rencontré son mari. C'est elle qui remanie l'émotion provoquée par le malheur passé et donne sens à la blessure transmise par les récits d'Irène.

La gouvernante s'était adaptée à deux intenses pulsions opposées : un tout-puissant désir d'être heureuse, en même temps qu'une immense souffrance provoquée par tant de morts parmi ses proches. Sans le vouloir, le couple de journalistes avait aggravé le clivage en applaudissant la partie vivante de sa personnalité et en décourageant toute réflexion sur le passé. La survie psychique d'Irène était agréable dans ce foyer qui n'avait pas souffert de la guerre, alors que, dans sa propre famille, les quelques survivants vivaient avec leurs morts. Ils auraient eu le sentiment de les abandonner s'ils avaient cessé d'en parler, ou de les trahir s'ils avaient accepté d'être heureux après leur disparition. Pour la joyeuse Irène, le choix était clair : vivre avec les survivants en compagnie des morts ou se cliver pour arracher un sursaut de bonheur, un espoir désespéré, encore un peu de vie en attendant la mort. La résilience aurait permis une lente métamorphose de la représentation du malheur. Le clivage qui a préservé un bonheur immédiat a permis plus tard aux fantômes de revenir.

Ceci ne veut pas dire que hurler à la mort protège ceux qu'on aime. À la même époque, les communistes devenaient le « parti des fusillés ». Plus de vingt mille ont été exécutés après un jugement rapide ou assassinés dans les prisons et les camps d'extermination. J'ai connu quelques survivants qui sont revenus la rage au ventre, indignés par ce qu'ils avaient vu et subi. Ils ont parlé, hurlé, évoqué, commémoré, publié, organisé des réunions, tapissé les murs de photos hallucinantes : il a fallu soigner tous leurs enfants ! La proximité affective de ces survivants rentrés dans leurs familles, leur a donné le pouvoir de transmettre un traumatisme sans nuances. Le réel est ambivalent, lui. Il y a toujours un geste rassurant dans la plus grande frayeur, un sourire dans la plus grande horreur, un coin de ciel bleu, même à Auschwitz. Les enfants de ces communistes déportés ont reçu une représentation d'horreur pure, sans ambivalence, sans nuances, amplifiée par le désir de convaincre. Chaque jour, ils ont baigné dans l'atrocité des récits. Pour les parents, il s'agissait d'une légitime défense. Le parti communiste utilisait ces images pour en faire un argument politique, et leurs enfants se développaient dans un monde où l'abomination était imminente. Ils n'osaient pas entrer dans leur chambre le soir, ils imaginaient des cadavres empilés sous leur lit, ils s'attendaient à ce que l'ennemi de classe cherche à les assassiner. Beaucoup ont souffert de paniques anxieuses.

Les secrets ont été plus fréquents qu'on le dit, mais puisqu'ils étaient secrets on en a peu parlé et on en a conclu qu'ils ont peu existé. Depuis que le concept de résilience se développe en Europe, dans les deux Amériques et au Proche-Orient, je reçois un étonnant courrier composé d'aimables lettres anonymes : « Mon cher confrère, vous comprendrez pourquoi je ne signe pas cette lettre quand je vous expliquerai que je suis né en 1943. Mon père, soldat allemand, a disparu en 1944 au cours de la débâcle. Ma mère a dû me placer dans un orphelinat. Je n'ai pu suivre mon chemin et faire des études qu'en me taisant et en cachant mes origines. Si j'en avais parlé, j'aurais été rejeté. Soixante ans plus tard, je fais le même métier que vous, je suis psychiatre, mais je dois toujours faire secret de mon enfance [18]. »

Il y aurait en France 200 000 enfants nés de ces rencontres amoureuses. Il n'y a pas eu de crime. Au contraire même, les jeunes parents ont eu une personnalité assez forte pour échapper aux pressions stigmatisantes du milieu : « Un boche est une brute... une Française une pute. » Ces jeunes gens ne se sont pas soumis aux stéréotypes méprisants qui permettaient à cette époque de structurer des groupes qui avaient besoin de la haine pour partir en guerre. Au contraire, ils se sont rencontrés de personne à personne et non pas de préjugé à préjugé. Le couple d'amour échappe aux pressions sociales, religieuses ou idéologiques. Dans un contexte de guerre, une telle rencontre amoureuse signifiait « trahison », alors qu'en période de paix, elle veut dire « tolérance ». L'acte d'amour est le même quelle que soit la culture, mais un contexte social différent peut lui donner un sens de forfaiture aussi bien que de belle aventure.

Cette situation est différente de celle des Françaises séduites par le nazisme. Elles étaient souvent mariées et appartenaient à un groupe social qui, lui, collaborait avec

18. Lettre personnelle (2003) rapportée en substance. J'ai reçu plusieurs lettres anonymes analogues, ce qui laisse penser que plusieurs de ces enfants injustement blessés ont pu devenir psychiatres.

l'ennemi. Il n'y a probablement pas eu beaucoup d'enfants nés de cette complicité.

En Syrie, certains responsables nazis ont été accueillis et protégés dans les années d'après guerre. Leurs enfants, parfaitement intégrés sont fiers de l'héroïsme de leur papa SS. Ils n'ont pas eu à faire secret de leurs origines et récitent avec force les slogans hitlériens. Ce qui est transmis à l'enfant dont les parents ont été traumatisés dépend autant de la manière dont le blessé parle de sa meurtrissure que du mythe que sa culture en fait.

Hélène a été fière de se défendre en envoyant son père en prison. Il l'avait violée pendant des années au cours de jeux sexuels sadiques. À cette légitime défense, elle a ajouté la publication d'un livre qui affirmait que l'inceste existait dans le réel alors qu'à cette époque on pensait qu'il n'existait que dans le fantasme. Puis elle a rencontré un gentil compagnon avec qui elle a eu un petit garçon. Hélène avait réussi à modifier la culture qui, grâce à elle, a découvert une agression sexuelle jusqu'alors déniée, mais elle n'a pas eu le temps d'apprendre le respect aux passants. Certains l'arrêtaient dans la rue pour lui demander en présence de l'enfant : « Ce petit, vous l'avez eu avec votre père ou avec votre mari ? » Ce qu'a reçu l'enfant du traumatisme de sa mère a été modifié par l'impudeur de quelques promeneurs. Le lendemain de cette phrase, le petit garçon commençait à souffrir d'énurésie et de manifestations anxieuses.

Interpréter ce qui est transmis

Les enfants de traumatisés ne sont pas passifs dans la transmission puisqu'ils ont acquis une manière préférentielle de percevoir le monde. Ils l'interprètent et y réagissent avec leur propre style affectif. Peter avait toujours su que son père avait survécu à Auschwitz, mais sa manière de se taire ou d'en parler vaguement avait mené l'enfant à s'interdire certaines questions.

- Le père a dit : « Je ne voulais pas lui communiquer les horreurs que j'avais subies. Je voulais le protéger. »
- Le fils a dit : « J'évitais de parler des sujets qu'il voulait éviter. »

Le père désirait protéger son fils, et le fils souhaitait obéir à l'injonction non verbale du père. L'ordre régnait et la souffrance aussi, comme un malaise insidieux qui ralentissait les échanges en voulant trop les contrôler. En fait, les deux hommes vivaient dans un contresens affectueux où chacun voulant protéger l'autre altérait la relation.

Il arrive que le père blessé soit tellement affaibli que l'enfant éprouve son retour comme un poids dans la vie quotidienne. Le petit se sent mal dans cette enveloppe de signifiants lourds. Accablé par le malheur, alors qu'il était heureux avec sa mère avant le retour du fantôme, il donne sens à son malaise par une interprétation agressive : « Si papa est revenu des camps, c'est qu'il a pactisé avec les nazis. S'il avait été honnête et courageux, il serait mort. »

L'image que le blessé se fait de lui-même résulte de la convergence de plusieurs récits. Le récit intime dont la répétition dans le langage intérieur constitue l'identité narrative subit la pression façonnante des récits d'alentour. Certaines familles en ont fait une joie des retrouvailles, alors que d'autres ont entretenu la blessure. Et le contexte culturel a suscité un sentiment de honte plus souvent que de fierté. « Le travail d'aide psychique à la résilience porte alors sur les processus qui soutiennent le maintien des enveloppes psychiques [...] entre l'individu et son environnement, [...] les échanges au sein de la famille, son système de valeurs et de croyances [19]. » L'idée que nous nous faisons de nous-même se nourrit des bribes de réel que notre famille et notre culture disposent autour de nous.

Le père de Claire avait 5 ans (en 1942) quand il a été pris en charge par L'entraide temporaire, une organisation clandestine qui a sauvé environ 500 enfants juifs [20]. Claire, née en 1962, n'a jamais appelé ses parents « papa » et « maman », probablement parce que eux-mêmes ne pouvaient pas se désigner par ces mots. « Mon enfance s'est organisée autour de l'escarre que mon père avait subie dans son enfance. Je me suis développée autour de sa partie morte... il était incapable d'appeler ma mère "maman", il disait "allez voir Rose", et quand il nous écrivait, il signait par son prénom, jamais par "Papa".

– Allô Papa ?

– Qui est à l'appareil [21] ? »

Quand on n'est pas inscrit dans une filiation, on n'a pas acquis le sentiment qu'on pourrait devenir père à son

---

19. M. Delage, « Traumatisme psychique et résilience familiale », *Stress et Trauma*, 2002, 2 (2), p. 69-78.
20. M. Rubinstein, *Tout le monde n'a pas la chance d'être orphelin*, Paris, Verticales, 2002.
21. *Ibid.*, p. 85.

tour, alors on ne voit pas qui pourrait nous appeler
« papa ». La manière dont on capte une représentation de
soi s'imprègne dans notre mémoire, à partir de bribes de
réel fournies par notre entourage.

Bracinho savait qu'il était gitan, mais ne savait pas ce
que c'était qu'être gitan. Ses parents s'étaient installés
dans la région de Lisbonne où Bracinho était né. Son
père, maçon, avait été tué lors d'un accident de travail
quand l'enfant avait 2 ans. Sa mère a disparu deux ans
plus tard en confiant le petit à un travailleur social. Il
entendait autour de lui : « Ils sont sales... ils sont gros-
siers... ils volent nos poules et font des sacrifices humains
avec nos enfants. » Bracinho se disait qu'il venait d'un
groupe humain bien moche et bien terrifiant. Il ne s'indi-
gnait pas des persécutions qu'il trouvait injustes mais, ne
connaissant pas d'autres gitans, il éprouvait une vague
honte d'être issu d'un tel groupe. Il envisageait de ne plus
être gitan sans éprouver le sentiment de trahison que ressentent habituellement ceux qui abandonnent leur groupe
d'origine pour s'intégrer dans une autre culture. Il n'y
avait pas dans son monde intime ce tribunal psychique où
les traîtres se jugent. Dans ses rêveries diurnes, il imaginait au contraire une sorte de jury qui lui aurait permis de
se disculper. Quand une culture nous condamne à être
chassé de l'humanité pour un crime qu'on ignore, il faut
une cour d'appel pour nous innocenter. C'est pourquoi tant de victimes éprouvent cet étrange besoin de
témoigner en public pour se réhabiliter.

Le tribunal des Portugais normaux jugeait Bracinho.
Mais lui, l'enfant, inventait une plaidoirie si belle qu'il parvenait à démontrer que justement il n'était ni bandit, ni

sale, ni grossier et n'avait pas volé de poules. Alors les
juges reconnaissaient leur erreur et accueillaient le petit
gitan, mais était-il gitan ? Bracinho se sentait coupable,
non pas d'avoir trahi ses proches puisqu'il n'en avait pas,
mais d'être venu d'une culture qu'il ne connaissait pas et
qui l'empêchait d'être comme tout le monde. Souvent, il
mettait en scène ce tribunal imaginaire et après la sentence où il avait fait reconnaître son innocence, il s'étonnait de sa gaieté. « Je sais que je suis gitan, disait-il, mais
je ne sais pas ce que c'est qu'être gitan. Je suis quelque
chose que je ne sais pas. »

Un matin où il traînait sur la Praça Do Comercio, au
bord du Tage, espérant rencontrer un compagnon de jeu,
il fut attiré par un petit groupe de guitaristes. Basanés,
dents blanches, étrangement vêtus, ces musiciens de rue
avaient provoqué un petit attroupement. Bracinho reçut
leurs chansons comme un émerveillement. Pour la première fois de sa vie, il percevait une bribe de beauté de la
condition gitane. Les auditeurs semblaient partager son
bonheur. On pouvait donc être gitan et se faire accepter
par la société ? Un homme, grand, assez lourd, vêtu d'une
casquette et d'un pantalon de cuir s'approcha de l'enfant
et dit : « C'est une musique vulgaire, c'est toujours la
même chose. » Bracinho se promit de battre cet homme
dès qu'il en aurait la force, puis il retourna à son bonheur
musical. Mais il avait en tête deux étonnements : celui
de se rappeler la casquette et le pantalon de cuir afin
de reconnaître plus tard l'agresseur et de lui flanquer
une dérouillée, et celui d'observer en détail les musiciens qui venaient de lui offrir son premier bonheur
d'appartenance.

C'est donc une bribe musicale et un fragment d'image qui avaient fourni quelques matériaux de l'image de soi. Bracinho se sentait mieux parce que sa culture quotidienne venait de disposer autour de lui deux ou trois informations qui lui permettaient enfin de se construire un début d'identité gitane. Afin de garder en lui ce sentiment nouveau de bien-être, de force paisible et, comment dire, d'agrandissement de soi puisqu'il y avait autour de lui des autres comme lui, Bracinho éprouva soudain le désir de partir à la recherche de ses origines. De minuscules morceaux de signifiant, comme une musique et un teint basané, venaient de l'inviter à l'archéologie du savoir, à l'art des archives, des vieilles photos, des objets venus d'ailleurs et des rencontres à venir. Ce début de travail s'apprêtait à métamorphoser son sentiment de soi, à le faire passer d'une honte vague à une fierté documentée.

Quand la révélation du non-dit se réalise à l'intérieur d'une relation de capture affective, le traumatisme est puissamment transmis comme nous l'a fait comprendre l'attachement excessif de la petite Lucie et d'Irène sa gouvernante. En revanche, quand la découverte des origines (« Je ne sais pas ce que c'est qu'être gitan ») se réalise grâce à des bribes culturelles d'images, de musiques, de récits ou de documents, c'est un plaisir d'archéologue qu'éprouve l'enfant.

Un silencieux vacarme

Si un grand nombre de traumatisés éprouvent moins de difficultés à confier leurs souffrances à un manuscrit qu'à un proche, c'est parce que l'écriture leur permet de maîtriser leur sentiment. Même dans une émission publique où la distance affective est grande avec les auditeurs invisibles, l'émotion est moins forte que dans un face-à-face avec un être cher où elle aurait altéré et peut-être même empêché la communication.

Le sentiment de honte provoque le non-dit, le difficile à dire, l'allusion, la périphrase, le bredouillement, qui expliquent la fréquence des malentendus. Et tout silence, dans un contexte bruyant, attire l'attention comme l'arrêt d'un bruit de fond éveille la vigilance : « Pourquoi ce calme soudain ? Que se passe-t-il ? » Le mutisme inattendu d'un homme qui parle bien provoque chez la personne qui y est attachée, un sentiment d'étrangeté, une énigme : « Comme le négatif d'une photo indique ce qui est là mais n'est pas révélé [22]. » La parole transmet ce qu'elle met en lumière et peut traumatiser l'enfant trop attaché. Et le silence qui participe aux récits et à la contagion des mondes mentaux jette une ombre angoissante sur laquelle on découvre ce qu'on a projeté. Il est stupéfiant d'entendre des enfants de traumatisés raconter qu'ils ont vu dans leurs cauchemars le traumatisme même que le parent croyait avoir caché.

« Le 7 avril 1994, lorsque le génocide commence, ce sont les vacances de Pâques... Nos jeunes frères sont partis en vacances chez les parents. On pense tous se revoir dans deux semaines, on ne se reverra jamais. Ils ne survivront pas [23]. » Cette situation est fréquente au cours des

---

22. P. Benghozi, « L'attaque contre l'humain. Traumatisme catastrophique et transmission généalogique », *Nervure*, 1996, t. IX, n° 2, mars.
23. E. Mujawayo, S. Belhaddad, *SurVivants*, La Tour d'Aigues. Éditions de l'Aube, 2004, p. 149.

génocides et des écrasements militaires que les guerres modernes effectuent contre les civils et les enfants. La disparition provoque d'abord une attente où l'on espère le retour des rescapés. Progressivement, il faut admettre que les disparus ne reviendront jamais et qu'ils sont morts sans sépulture. On n'était pas là quand d'autres les tuaient, on n'a pas pu les secourir, peut-être même était-on heureux au moment où ils souffraient à en mourir ! Une bouffée de honte s'infiltre en nous. On les a tués, on a laissé leurs corps... (difficile de penser « pourrir par terre »), on n'a pas été à la hauteur.

Une telle bouffée de honte peut se combattre en devenant soucieux de donner une sépulture à tous ceux qui meurent. Quand nos proches ont disparu de cette manière, on devient attentif à la dignité des morts. « Chaque fois que je vois un film sur le Rwanda, je regarde si mes frères se trouvent parmi les survivants. Ils vivent encore en moi et tout me les rappelle. Je les cherche aussi quand je vois des photos de cadavres amoncelés. C'est comme s'ils venaient de mourir aujourd'hui. » Cette préoccupation muette de la mort s'exprime par des indices comportementaux que perçoit intensément l'enfant : un silence figé de la mère au moment où elle guette sur l'écran de télévision l'apparition d'un frère disparu, une crispation minuscule de son visage quand un aimable voisin la félicite d'être rescapée du génocide, elle. Ces silences signifiants mettent une ombre dans les discours et provoquent chez l'enfant le sentiment d'une inquiétante énigme. « Que se passe-t-il par là puisque ma mère se tait quand on parle du Rwanda ? » La mort n'est donc pas claire, il y a un maléfice, un meurtre peut-être ?

Surtout ne pas poser de questions. L'enfant s'endort avec le malaise transmis par la honte maternelle et la nuit, il fait des cauchemars où il voit le cadavre de sa mère pourrissant par terre pendant que les passants rigolent à perdre haleine. L'enfant a mis en scène dans son monde intime la bouffée de honte qui torturait sa mère!

VI

LES CHANTS SOMBRES

La chair des fantômes

« J'ai peur de la nuit, dit l'enfant. La nuit les morts se lèvent... » Peut-être l'avait-il imaginé... ce furent des inconnus qui prêtèrent à la nuit leur visage en larmes ou leur sourire oublié. « Je ne savais rien d'eux, sauf qu'ils étaient morts[1]. » L'enfant qui nourrit ses cauchemars de la honte de ses proches se sent différent, inquiétant. Comment rencontrer ses parents quand leur honte vous hante ?

On lui avait bien dit de ne pas parler aux soldats. Il se souvient qu'un jour, en jouant sur les quais, sa balle avait roulé sous un banc où parlaient deux militaires. Ils la lui avaient rendue en disant des mots gentils que l'enfant ne pouvait pas comprendre. Quelques jours plus tard, ses parents disparaissaient, arrêtés par la milice. Ils sont

---

1. G. Briole, communication aux Journées de Liège, « Traumatisme et fantasme », 15-16 mars 1997, *Quarto Nov.*, 1997.

morts en déportation et pendant des années l'enfant s'est répété qu'il avait dû parler en reprenant la balle. Sans le faire exprès, il avait certainement livré quelques indices qui avaient permis l'arrestation de ses parents. Il n'avait pas su faire secret et ils en étaient morts. C'est pourquoi, pendant des décennies, il avait admiré ceux qui savaient se taire, car le silence provoquait en lui une sensation de sécurité. Mais la honte d'avoir laissé échapper quelques mots et la culpabilité d'avoir provoqué la mort de ses parents lui avaient appris un étrange comportement : il ne pouvait parler que de banalités car il ressentait toute intimité comme une intrusion inquiétante.

Avoir honte ne transmet pas le même sentiment que « porter la honte [2] ». Bracinho le gitan était honteux de ce qu'il était, sans savoir ce qu'il était, mais sa culture lui suggérait que ça méritait la honte. Dès qu'il a pu identifier un modèle constructif, un processus de résilience lui a permis d'évoluer de la honte vers la fierté. Ce dégagement est différent de porter la honte qui consiste à souffrir de la souffrance d'un être d'attachement. Le processus de résilience est encore plus coûteux : « Pour ne plus avoir honte de je-ne-sais-quoi, il faut que je répare d'abord le mal-être de mes parents. » Il suffit à Bracinho de percevoir quelques bribes de condition gitane pour cesser d'être honteux, alors que Porte-la-honte ignore le problème qu'il doit affronter et souvent même se sent agressé par le parent qu'il aime : « Je ne sais pas pourquoi je me sens mal au contact de mon père et désespéré quand il n'est pas là. »

---

2. P. Benghozi, « Porte-la-honte et maillage des contenants généalogiques familiaux et communautaires en thérapie familiale », *Revue de psychothérapie psychanalytique de groupe*, Paris, Érès, 1994.

L'enfant éprouve un père troué, agréable parfois et sombre souvent, au contact duquel il a dû se développer. Il a pris quelque chose de ce comportement de honte qui le fait à son tour osciller entre hébétude et chaleur affective. Il a acquis un attachement ambivalent alors que le parent blessé honteux est convaincu de l'avoir protégé en se taisant. Mais ce parent, forçat du bonheur, ne sait pas qu'il a transmis à son enfant l'inquiétante sensation de bonheur angoissant : « Toute réussite me culpabilise. C'est honteux d'être heureux quand ceux que j'aime souffrent. Je me sens moins mal dans l'échec qui me désespère », pourrait dire Porte-la-honte.

Le pouvoir des fantômes n'est ni magique ni ectoplasmique. C'est au contraire la perception physique d'une étrangeté, d'une mimique, d'une intonation ou d'un silence qui permet à l'enfant d'en voir l'apparition sur le corps de l'aimé. Les fantômes n'ont pas de vie autonome, ils ont besoin de la carcasse du blessé pour faire apparaître la mort, la souffrance ou la honte qui va parasiter l'esprit de son enfant. L'événement passé trace sur le corps du blessé des ombres que les fantômes transmettent d'âme à âme.

« Je voudrais que mes enfants restent loin des chemins qu'il me faut prendre, pense le père en revenant d'Auschwitz. Je voudrais qu'ils parcourent des endroits plus paisibles, qu'ils aient une enfance dépourvue de peur. »

« Cet aspect caché de lui-même, il le juge digne d'être haï, pense le fils en écho muet. Je sais depuis longtemps que quelque chose demeure enfoui. Sans rien dire, mon père me fait comprendre avec une force extraordinaire que je ne dois pas tourner les yeux de ce côté-là », ajoute le fils dans son langage intérieur[3].

L'ombre parentale
rend l'enfant ombrageux

Ce dialogue interdit, perçu sur le corps des inter-locuteurs, issu de leurs langages intérieurs, illustre à quel point un contresens affectueux peut se transmettre d'âme à âme quand on est attaché.

Les jeunes survivants des camps se sont mariés extrê-mement tôt. À cette époque, le couple constituait un important facteur de protection. Un homme ne pouvait pas vivre sans femme quand il allait à pied à son travail pour y rester dix heures. Une femme ne pouvait pas vivre sans homme dans un contexte technologique où le corps constituait le principal outil de production sociale. Quand un homme impuissant ou faible, quand une femme stérile ou fragile ne parvenaient pas à soulever des charges ou à mettre au monde de nombreux d'enfants, ils se prépa-raient un avenir difficile dans une société où n'existaient ni la Sécurité sociale ni les caisses de retraite. Les jeunes survivants ont surinvesti le mariage, seul espoir pour eux de se remettre à vivre. La plupart ont fait des couples où l'attachement anxieux a été thérapeutique. En sortant des camps, le mariage permettait de revenir à la vie et de commencer parfois à tricoter sa résilience. Les enfants qui sont nés de ces couples ont eu à se développer au contact

---

3. Dialogue recomposé d'après J.-C. Snyders, *Voyage de l'enfance*, Paris, PUF, 2003, p. 23-25.

de parents encore blessés qui commençaient à peine leur travail de restauration. Les tuteurs de développement qui entouraient les petits étaient altérés. Pas facile pour eux d'établir une relation stable et claire avec un père courageux, muet et sombre qui manifestait une gentillesse quotidienne et puis soudain, explosait dans une violence inattendue. Le conjoint consacrait beaucoup d'énergie à s'occuper de ce parent blessé puisque le couple s'était formé autour de ce contrat. L'enfant se développait au contact de parents taciturnes, attentifs, gentils et lourds de silence. Il se sentait exclu de leur entente affectueuse.

C'est pourquoi un grand nombre de ces enfants ont éprouvé une sorte de carence affective alors que, dans l'esprit des parents, ils étaient surinvestis. Le couple adulte organisait sa vie autour de ses enfants, faisait ses choix uniquement dans l'intérêt des petits, les entourait d'une gentillesse permissive et évitait d'évoquer leur propre souffrance afin de ne pas la leur transmettre. Mais l'enfant, lui, se sentait intrus dans ce couple parental complice, il ressentait sa permissivité comme une faiblesse ou même un abandon, il était fasciné par l'ombre inquiétante que le parent blessé donnait à voir comme une énigme, en étalant un voile sur la zone qu'il croyait cacher. « C'est à partir de choses entendues, souvent mal comprises, à partir d'allusions, soulignées ou non, de grimaces, de gestes, ponctués ou non de silences significatifs [...] que chacun d'entre nous fabrique les représentations des événements de sa préhistoire [4]... »

L'enfant, contraint au bonheur, apprend que le moindre malheur désespère son étrange père : « [...] il

---

4. A. de Mijolla, *Préhistoires de famille*, Paris, PUF, 2004, p. 150.

paraissait vouloir impérieusement que je n'aie que des pensées heureuses, que je n'accomplisse que des actions sereines [5]... » Angoissés par ce bonheur forcé, les enfants de parents traumatisés acquièrent souvent un attachement ambivalent : « [...] c'est aussi à partir de ces lieux sombres, c'est aussi depuis ces endroits affreux que je les aime [6]. » Pour ces enfants, la haine n'est pas le contraire de l'amour. C'est une révolte coléreuse contre un père déchiré qui est en cours de reconstruction. Sa part d'ombre rend l'enfant ombrageux. Ce n'est que plus tard qu'il apprendra à se sentir fier de ce parent muet.

Hervé dit : « Je l'ai haïe chaque fois qu'elle était gaie parce qu'alors, elle m'abandonnait. » Son père venait de rentrer d'Alger en pleine guerre. Il parlait trop, trop fort et trop gaiement, pour cacher ce qu'il ne parvenait pas à dire paisiblement. C'est au contact de ce père qui masquait sa tristesse par une gaieté forcée qu'Hervé avait acquis un attachement ambivalent qu'il a exprimé plus tard avec sa femme. Il l'aimait beaucoup quand elle était présente, et éprouvait un sentiment de haine coléreuse dès qu'elle tentait une petite expédition sans lui.

Les enfants qui se sont développés dans ces couples coordonnés par ce contrat particulier ont appris à devenir attentifs à ce qui n'était pas dit, fascinés par l'ombre, inquiétés et intéressés par les brèches comportementales et les ruptures de discours : « Tiens ! pourquoi s'immobilise-t-elle quand on parle de naissance hors mariage... ? Tiens ! chaque fois qu'on évoque la famille de mon père, ma mère dit : "Ah, là là" et se découvre soudain une

5. J.-C. Snyders, *Voyage de l'enfance*, op. cit., p. 108.
6. *Ibid.*, p. 123.

urgence domestique qui interrompt l'enchaînement des phrases. » Ces petites énigmes, ces minuscules brisures à peine visibles mais souvent répétées finissent par instruire l'enfant d'une sorte d'initiation à l'étrangeté, comme s'il pensait : « Il y a là un interdit de savoir qui m'effraie et me passionne. » L'ambivalence s'édifie dans son monde intime et peu à peu caractérise son style affectif. « Je ne sais pas très bien ce qui s'est passé dans l'enfance de mon père puisqu'il en parle mal : une évocation, une ombre sur son visage, la rescousse de ma mère qui le protège en détournant la conversation. Bizarre. Peut-être même terrible. Avec l'enfance qu'il a eue, je n'ai pas le droit de me plaindre, je dois être parfait(e), je dois sans cesse être heureux(se) pour justifier les efforts qu'il fait pour moi. Je dois réussir puisqu'il me donne les conditions de la réussite, lui qui n'en a eu aucune. J'aurais honte de ne pas réussir. Je lui en veux. »

Cette contrainte au bonheur angoissant donne, dans un premier temps, de bons résultats apparents puisque la loyauté de l'enfant le pousse à prendre sa place dans cette filiation énigmatique. Mais quand arrive l'adolescence qui l'invite à quitter ceux qu'il aime afin d'apprendre à aimer autrement, le remaniement affectif est souvent douloureux. L'ambivalence peut aiguiller le jeune vers la démission tranquillisante aussi bien que vers la passion archéologique excitante. « J'en ai marre de m'épuiser à chercher le bonheur comme l'exige mon père, dit un enfant, la démission est si apaisante. » Tandis qu'un autre pense : « Je suis passionné par tout ce qui est caché. Ça m'angoisse de ne pas chercher à comprendre. »

S'identifier à un parent disparu

Le clivage du parent blessé qui s'est efforcé de ne donner de lui que la partie claire de sa personnalité, pour protéger l'enfant, lui a transmis à son insu un attachement ambivalent. Ce style affectif semble nettement plus fréquent dans une population d'enfants dont les parents traumatisés commencent à peine à tisser leur résilience que dans la population générale où on l'évalue à 15 %[7]. Cette manière d'aimer ambivalente « se structurerait à partir de conflits parentaux non résolus conduisant l'adulte à investir l'enfant pour combler un manque affectif[8] ». Ces jeunes parents traumatisés par la guerre ont voulu vite se marier pour se remettre à vivre et vite avoir des enfants pour les aimer et leur donner tout le bonheur dont ils avaient été privés. Ce mécanisme de défense adaptatif a protégé les parents et transmis à leurs enfants un attachement ambivalent qui n'a évolué qu'à leur adolescence.

Une conclusion hâtive consisterait à dire : « Voilà ce que donne la résilience : les parents résilient, les enfants trinquent. » Il faut souligner que les parents commençaient à peine leur processus de résilience dans une culture qui les ignorait. Ils en étaient encore au stade où la souffrance immédiate les contraignait à affronter la catastrophe qui venait de se produire. Ils étaient encore hébé-

---

7. S. Parent, J.-F. Saucier, « La théorie de l'attachement », *in* E. Habimana, L. Ethier, D. Petot, M. Tousignant, *Psychopathologie de l'enfant et de l'adolescent*, Montréal, Gaëtan Morin, 1999, p. 39.
8. J. Lighezzolo, C. de Tychey, *La Résilience. Se (re)construire après le traumatisme*, Paris, In Press, 2004, p. 72

tés avec soudain des retours de flamme qui surprenaient tout le monde. Ils serraient les dents et ne pouvaient parler, comme on le fait toujours, sur le coup, quand on a mal. Ce n'est que plus tard qu'on peut s'expliquer, quand le recul, la distance et le temps nous permettent d'en faire une représentation verbale. Si la culture en plus fait taire les blessés, il leur faudra des décennies pour se recoudre. Il suffit de quelques secondes pour planter un enfant qui se développera pendant les années que son parent consacre à se réparer. Le petit vient au monde au moment où ses parents blessés aspirent à renaître, à revenir à la vie après une agonie psychique. Mais l'enfant ne trouve autour de lui que des tuteurs de développement altérés par la meurtrissure parentale. C'est là qu'il doit apprendre à vivre.

Les petits orphelins ont idéalisé leurs parents disparus, mais quand ils ont trouvé une famille de substitution leur épanouissement n'a pas été mauvais. Ils ont pourtant dû faire un double travail de filiation, avec la famille morte idéalisée et avec la famille présente salvatrice et maladroite, comme toute famille. Ils ont imaginé un double roman familial qui a rempli leur monde intime et provoqué parfois des difficultés relationnelles, mais le résultat est plutôt appréciable.

Un esprit malveillant pourrait en conclure qu'il vaut mieux avoir des parents morts que des parents blessés. Je propose d'écouter les thérapeutes de la famille qui constatent que, lorsqu'un membre du groupe est atteint d'une maladie grave comme un cancer ou un grave infarctus, la fratrie et les alliés se resserrent autour de lui. Les autres problèmes passent au second plan et s'enfouissent sous l'urgence du quotidien. Un travail de trépas se met en chantier chez les proches qui entourent le malade, préparent le sombre avenir et se sentent bien d'être si bons. Quand par malheur le patient guérit, certaines familles se désorganisent, leurs projets adaptatifs deviennent inutiles et les problèmes enfouis reprennent le devant de la scène. Qui en conclurait qu'il faut tuer les malades ? Il vaut mieux négocier, soigner le mieux qu'on peut et prévenir les familles du danger qu'il y aurait à faire de cette épreuve l'unique problème de leur foyer.

De même, quand on est contraint au secret, les proches s'organisent autour de la zone ténébreuse. Mais cette douleur exquise de l'âme du blessé transmet une étrange sensation à l'enfant. C'est peut-être pour ça qu'il est écrit : « Les pères ont mangé les raisins verts et les enfants ont eu les dents agacées [9]. » Le secret qui sauve le parent blessé impose à son enfant, un tuteur de développement qui associe deux pulsions opposées : « Je m'attache à ce père qui m'angoisse... je m'interdis de le questionner sur cette ombre qui me fascine... je l'admire parce qu'il est initié et je le méprise parce qu'il porte en lui une escarre qui me dégoûte... je l'aime parce qu'il me réchauffe quand il est gai et je le déteste quand son chagrin m'accable », voilà comment pourraient parler les enfants dont les parents blessés n'ont pas eu la possibilité de progresser dans leur travail de résilience.

Presque toujours, c'est leur milieu familial ou culturel qui empêche la suture de résilience. Comment dire à un enfant qu'il est né d'un inceste ? La famille se tait pour

---

9. Jérémie 3,130.

protéger le petit qui se développe alors en plein brouillard psychique. Comment dire à un enfant caché pendant la Seconde Guerre mondiale que, s'il avoue qu'il est juif ou épelle son nom, il sera responsable de la mort de ceux qu'il aime ? Quand ces enfants deviendront parents avant d'avoir eu le temps de surmonter cette malédiction, c'est avec ce malheur en tête qu'ils vont élever leurs propres enfants. Mais quand la résilience a été possible parce que le milieu n'a pas entravé cette tendance naturelle du retour à la vie, alors l'enfant pourra côtoyer un parent réparé.

Les parents meurtris
se mettent en retrait

Les mères blessées sont encore en difficulté à l'époque où elles mettent au monde leur premier enfant. Quand un travail de résilience a été rendu possible parce que leur famille les a entourées après le choc, parce qu'elles ont rencontré un conjoint qui a su les étayer, parce qu'elles ont trouvé un tuteur de résilience (écriture, engagement artistique ou social, psychothérapie) et surtout parce que la société leur a proposé des lieux de résilience, ces mères ne sont plus les mêmes quand elles mettent au monde leur deuxième enfant.

Depuis les années 1970, on sait comment une « mère standard » interagit avec son bébé après la naissance. On peut prédire que lorsqu'une jeune femme a été heureusement élevée, elle sera attentive à tout signal émis par le bébé auquel elle répondra en souriant et en parlant beaucoup [10]. En comparaison, les pères qui s'occupent de leurs bébés sont nettement moins souriants, moins bavards et plus « moteurs » que les femmes [11].

Ce n'est pas le cas des mères qui, dans leur propre enfance, ont été victimes d'inceste. La plupart du temps, elles sont hébétées devant le bébé qu'elles viennent de mettre au monde. Elles le regardent sidérées, sans dire un mot ni faire un geste. Quand, plus tard, on parle avec elles, on apprend qu'à ce moment crucial de leur vie, une pensée presque obsessionnelle s'est imposée dans leur brume mentale : « Quelle sexualité va-t-il avoir ? » Au milieu de leur confusion, une vague notion apparaît : « Pourvu qu'il ne connaisse pas de sexualité violente. » Devant le bébé qui vient de naître, il leur arrive d'avoir une idée qu'elles repoussent vite : « Pourvu que lui-même ne commette pas de sexualité violente. » Quand il s'agit d'une fille, une fulguration s'impose à la mère : « Un jour, elle sera violée », ou : « Je la tuerai quand elle arrivera à l'adolescence. »

La perception du sexe anatomique évoque chez la mère la représentation du malheur passé auquel elle répond par une confusion douloureuse dans laquelle surgissent des éclairs de pensée terribles. Voilà ce qui se passe quand une mère reste seule avec son passé gravé dans sa mémoire. Qui nous oblige à la laisser seule ? Toute figure d'attachement qui se tient auprès d'elle au moment de la naissance la sécurise à ce moment critique. Quand elle a un conjoint, elle se sent femme et éprouve un senti-

10. C. Trevarthen, P. Hubley, L. Sheeran, « Les activités innées du nourrisson », *La Recherche*, 1975, n° 6, p. 447-458.
11. J. Lecamus, *Les Relations et les interactions du jeune enfant*, Paris, ESF, 1985.

ment de bonheur en voyant le bonheur qu'elle vient de lui donner grâce au bébé. Une simple figure familière change le monde mental de la mère.

Les prophètes de malheur ne mentent pas quand ils disent qu'un enfant maltraité deviendra un parent maltraitant ou qu'une victime d'inceste deviendra un abuseur sexuel. Ils décrivent simplement la situation provoquée par une pensée collective qui, pensant que les enfants traumatisés sont voués à la répétition du malheur les abandonne, les soumettant ainsi à la répétition. Mais, quand on change le monde intime de la mère, on change le milieu sensoriel dont elle enveloppe son bébé, et quand on l'aide à chasser son fantôme, elle propose à l'enfant un milieu sécurisant[12].

Ce qui se passe en fait c'est plutôt le contraire. Ces mères passent dans l'excès opposé et deviennent trop permissives car elles pensent confusément que tout le monde est plus compétent qu'elles pour élever un enfant. Elles estiment que le mari, l'éducatrice et l'enfant lui-même sauront ce qu'il convient de faire ou de dire pour vivre dans le bonheur. La mère qui a été une enfant maltraitée risque de se mettre à l'ombre de ceux qu'elle aime, tant qu'on ne lui donne pas l'occasion de découvrir qu'elle est elle-même compétente.

Les pères blessés, eux aussi, ne se croient pas capables de devenir pères. Alors, quand ils rencontrent une femme qui les étaye, ils lui donnent beaucoup de pouvoir « parce que, elle, elle sait ».

_____

12. M. Main, « Cross-cultural studies of attachment organization, recent studies : changing methodologies and the concept of conditional strategies », *Human Development*, 1990, 35, p. 48-61.

Si bien que les enfants qui naîtront de ces rencontres auront à se développer le long de parents particuliers : une mère permissive qui s'efface devant les autres et même devant son propre enfant [13], ou un père troué, clivé en deux personnages dont l'un se met en retrait à la maison tandis que l'autre parfois brille à l'extérieur. Ces deux moitiés de père étonnent l'enfant qui entend parler de lui en termes admiratifs alors qu'à la maison on l'efface plutôt. L'ambivalence s'imprègne dans la mémoire du petit qui acquiert ainsi une représentation double de ces images opposées et associées.

Il n'est pas juste de parler du refoulement des enfants cachés puisque au contraire ils ont une hypermémoire traumatique, précise, claire, toujours présente au fond d'eux-mêmes. Cette représentation est difficile à mettre en mots qui auraient permis la création d'un monde partagé. Devenus parents, ils se rappellent qu'ils doivent leur vie au fait qu'ils ont su se taire quand ils étaient enfants. Qu'il s'agisse de petits Arméniens en Turquie, d'enfants juifs en Europe, de petits Cambodgiens ou de jeunes Tutsis fuyant les massacres au Rwanda, tous ont dû se taire pour ne pas mourir.

Cette défense pour la survie leur donne un style relationnel particulier : gais, actifs, rêveurs, créatifs, adultes trop tôt, ils s'éteignent soudain et s'immobilisent psychiquement quand une situation ou une question touche au domaine qu'ils ont appris à éviter. C'est avec ce mécanisme de défense qu'ils arrivent à l'âge où l'on peut avoir

---

13. C. Krelewetz, C. Piotrowski, « Incest survivor mothers : protecting the next generation », *Child Abuse and Neglect*, 1998, vol. 22, n° 12, p. 1305-1312.

des enfants. Quelques années seulement après la tragédie, ils deviennent des parents pour qui l'expression de soi évoque la mort. C'est gravé dans leur mémoire, c'est grâce à ça qu'ils sont sauvés. Ils vivent alors comme un soldat qui traverse un champ de mines : « Là, je peux aller... de ça, je peux parler... mais soudain je m'arrête car si je mets un mot je risque de mourir. »

Un destin n'est pas le devenir

Si rien ne changeait en nous et autour de nous, le destin serait tracé et nous ne pourrions que répéter toute notre vie ce que nous avons appris à un moment où il fallait se taire pour survivre. On risque alors de transmettre à nos enfants une « exclusion défensive[14] ». « Je me tais pour me défendre, pourrait dire la mère, ce qui apprend à mes enfants à ne jamais se laisser aller puisqu'ils sentent qu'il y a dans notre relation une région brumeuse. Ils ne sont à aucun moment en pleine confiance avec moi puisque ma stratégie comportementale leur suggère une énigme inquiétante, un espace engourdi. » Plus tard, quand une épreuve surgira dans la vie de ces enfants, ils n'auront pas appris à appeler au secours puisqu'ils ressentent chez leur parent une zone interdite. Ils tiennent le coup ou s'effondrent, sans nuances possibles. L'enfant de parent qui n'a pas eu le temps de tricoter sa résilience « [...] reste alors imperméable aux expériences qui vont à

---

14. J. Bowlby, *A Secure Base. Clinical Application of Attachment Theory*, Londres, Routledge, 1988.

l'encontre du système de représentation établi et résiste au changement [15] ».

Par bonheur, il est impossible que rien ne change, même dans les sociétés pétrifiées. À chaque étape de son développement l'enfant change de manière de percevoir le monde et à chaque phrase qu'il prononce, il change le monde qu'il perçoit. Chaque discours social fonde une nouvelle institution qui va tutoriser des développements différents.

Les méthodes prospectives suivent les gens blessés jusqu'au moment où ils deviennent parents et grands-parents. Les méthodes rétrospectives, constatant un trouble, vont en chercher l'explication en retournant en arrière fouiller dans les histoires de vie. Ces stratégies de connaissance donnent des résultats très différents.

Il semble que, dans certains pays, 1 000 enfants maltraités donnent 260 délinquants à l'adolescence, ce qui est bien plus important que dans la population générale.

Quand on est policier et qu'on arrête des jeunes délinquants, on leur demande de raconter leur vie. Cette méthode rétrospective apprend que 92 % ont été maltraités. On va donc logiquement en conclure que la maltraitance mène presque toujours à la délinquance. Et l'on expliquera ce fait par la théorie de l'identification à l'agresseur [16]. Supposons maintenant que nous soyons éducateurs et que nous suivions ces 1 000 enfants jusqu'à l'âge adulte. Cette méthode prospective permet de découvrir que 74 % évoluent correctement et restent en contact

---

15. N. Guedeney, A. Guedeney, *L'Attachement. Concepts et application*, *op. cit.*, p. 30.
16. J. Lecomte, *Guérir de son enfance*, *op. cit.*, p. 200.

affectueux avec les éducateurs. On va donc en conclure que la maltraitance ne mène pas souvent à la délinquance.

Les résultats sont opposés et pourtant, personne ne ment. Chacun simplement recueille des informations vraies sur un lieu de travail différent, ce qui donne un regard différent. Le policier dit : « La maltraitance est un destin qui provoque la délinquance. » Et l'éducateur répond : « Si on entoure ces enfants, la grande majorité évolue correctement. »

Les mots ont le pouvoir de mettre au monde des concepts qui rendent observables des fragments de conditions humaines. Dès qu'on sait les voir, on peut en débattre, ce qui soudain les fait vivre dans les discours sociaux. Le phénomène de la mondialisation existait dans le réel bien avant qu'on le nomme, mais dès qu'il a pris vie dans la parole, les groupes sociaux et culturels se sont organisés pour le combattre ou le favoriser[17].

La plupart des enfants cachés n'avaient pas de famille. Elles avaient disparu, pour toujours ou pour le temps de la guerre. Une population de 906 sujets (580 garçons et 326 filles) a été suivie jusqu'à l'âge de 18 ans[18] et l'on a pu constater que leur devenir était différent selon les institutions qui s'en occupaient ou selon les rencontres qu'ils faisaient. Cette possibilité d'évolutions différentes façonnées par les institutions et les aventures relationnelles prouve que la résilience existe dans le réel et qu'on la gouvernera mieux quand on la fera exister dans nos mots, nos discours, nos recherches et nos décisions.

---

17. A. Boutros-Boutros Galli, Cité de la Réussite, Forum de l'écrit, Paris, 19 juin 2004.
18. M. Frydman, *Le Traumatisme de l'enfant caché*, Quorum, 1999.

Ces enquêtes prolongées ébranlent nos préjugés. À l'âge de 18 ans, les enfants cachés recueillis dans des familles avaient acquis une intelligence scolaire supérieure à celle de ceux qui étaient restés dans les maisons d'enfants. La plasticité de cette forme d'intelligence a été si grande que ces enfants sont parvenus à rattraper leur retard même après l'âge de 15 ans. La reprise de développement physique et intellectuel après un traumatisme reste possible bien plus longtemps qu'on ne le croyait.

La grande difficulté des enfants cachés qui ont donné un fort pourcentage de biographies douloureuses a été d'ordre affectif et identitaire. Non seulement ils accumulaient les facteurs de risque (isolement, ruptures affectives, changements d'institution), mais ils apprenaient à survivre en éteignant une partie de leur personnalité, à gommer ou rendre floue la représentation d'eux-mêmes. Comment travailler à devenir soi-même quand votre entourage vous apprend que tout épanouissement équivaut à une tentative de meurtre ? « Si tu dis qui tu es, tu mourras... Si tu dis d'où tu viens, tu entraîneras dans la mort ceux qui veulent bien s'occuper de toi... Le peu qu'on te donne est énorme... Ta simple existence dans notre foyer fait de toi un danger, un porte-malheur. » Ces enfants ont douloureusement survécu dans le milieu qui les protégeait et souvent les aimait. Ils entendaient des phrases qui les terrassaient : « Les voisins ont gardé un petit Juif comme toi. Il a parlé. La Gestapo a brûlé leur ferme. » Chaque jour, l'enfant entendait une gentille phrase qui meurtrissait son âme : « On le garde parce qu'il est tout seul, on ne sait pas où est sa famille, et puis, il est tellement gentil. On prend le risque de mourir à cause de lui », disaient ces Hutus généreux qui sauvaient du massacre un petit Tutsi.

Se mettre à l'épreuve
pour se faire accepter

À cause de ces traumatismes insidieux et répétés, les enfants éprouvaient une gratitude ambivalente envers ceux qui les protégeaient. Leur cadeau était angoissant, la dette écrasante, impossible à rembourser. Seuls sont devenus résilients dans ces conditions adverses les enfants qui ont su érotiser le risque au cours d'ordalies intimes. Ce jeu au bord de la tombe surgit naturellement et prend l'effet d'un jugement de Dieu qui accorde à l'enfant le simple droit de vivre.

Les adultes ne comprennent pas ces prises de risque absurdes, souvent même ils ne les voient pas puisque l'enfant se met à l'épreuve en cachette, sous le seul regard de Dieu. Puisqu'il a été chassé de l'humanité et condamné à mourir du simple fait d'exister, il ne peut reprendre sa place dans la communion des hommes que par l'intermédiaire d'un rite d'intégration. Et puisque la société ne lui en propose pas, il en invente de plus cruels et de plus dangereux de façon à se prouver qu'il est plus fort que la mort. Alors, selon ce que son environnement lui propose, il fait des escalades à mains nues la nuit, le long de parois presque lisses, il se jette à l'eau dans une mer en pleine tempête, il cherche la bagarre sans haine ni raison, et sans aucun désir prend des risques sexuels.

C'est pourquoi, contrairement à ce que dit le préjugé, un grand nombre de filles victimes d'inceste ont su triompher des épreuves qu'elles se sont elles-mêmes imposées après leur terrible enfance. Elles sont devenues mères après avoir surmonté leur problème [19]. Alors que celles qui ont été abattues par cette agression sexuelle et que l'on a maintenues dans cet état de blessées incurables sont devenues des mères à problèmes [20].

L'observation directe de moments où elles s'occupaient de leurs enfants, associée à des questionnaires, a permis d'éclairer leur monde intime et de voir apparaître un trait permanent : elles sont trop permissives parce qu'elles se dévalorisent. « Je ne suis pas compétente, mon mari, ma sœur, le docteur savent mieux que moi. Je vais les laisser faire, je vais tout donner à mon enfant, ne lui imposer aucun interdit de façon qu'il puisse s'épanouir sans entrave. Ça me coûte très cher mais ce n'est pas grave puisqu'il deviendra heureux. » Un petit groupe de 45 enfants victimes d'inceste a été suivi par entretiens et observé en situations standardisées jusqu'au moment où ils sont devenus parents. Un autre groupe de 717 enfants non agressés a été suivi et observé selon la même méthode. Dans l'ensemble, la population d'enfants de victimes non réparées a manifesté les mêmes troubles comportementaux et la même représentation de soi altérée que les enfants dont les parents étaient alcooliques, malades mentaux ou eux-mêmes traumatisés [21] : hébétés devant leur

19. W. Kristberg, *The Invisible Wound : A New Approach to Healing Childhood Sexual Trauma*, New York, Bantham Books, 1993.

20. C. A. Courtois, *Healing the Incest Wound : Adult Survivors in Therapy*, New York, W.W. Norton, 1998.

21. A. M. Ruscio, « Predicting the child-rearing pratices of mothers sexually abused in childhood », *Child Abuse and Neglect*, 2001, 25, p. 362-387.

bébé, intimidés par leurs propres enfants, image de soi dévalorisée, désir utopique de devenir parfaits.

Les enfants qui se sont développés le long de tels parents ont appris à devenir un peu condescendants envers cette mère qui les servait avec empressement ou ce père qui s'effaçait, se soumettait à leurs désirs et travaillait en cachette afin de ne pas indisposer les chérubins avec ses tristes problèmes d'adulte.

Quand ces enfants arrivent à l'âge du sexe, le parent encore blessé n'est pas sécurisant. Il n'énonce pas clairement les interdits tant il désire ne pas entraver son enfant. Ce flou trouble l'adolescent et parfois même provoque une inhibition anxieuse, parce que l'énoncé interdicteur a une fonction sécurisante en énonçant en même temps ce qui est autorisé. On confond très souvent interdit et empêchement, ce qui n'organise pas du tout un même monde. L'empêchement arrête toute expression du désir, alors que l'interdit lui donne forme et l'oriente même : « Tu peux exprimer ton agressivité jusqu'à un certain point, au-delà, c'est interdit. Tu peux courtiser cette femme, mais pas celle-là, et pas n'importe comment : tu ne peux pas tout te permettre. » L'interdit donne forme à la pulsion et devient l'organe de la coexistence affective, alors que l'empêchement emprisonne le désir.

Un parent blessé que l'on n'a pas aidé à devenir résilient surestime son conjoint, la société et son propre enfant. Il s'efface devant son petit pour ne pas l'entraver, lui apprenant ainsi à dominer le gentil parent qu'il croit faible. Ce contresens affectueux est fréquent quand les parents traumatisés ont du mal à faire leur travail de résilience. Or les victimes d'inceste n'osent en parler que trente ans après l'agression, les déportés ne se sont exprimés que lorsque la culture leur a donné la parole quarante ans après la fin du conflit mondial, et les 200 000 enfants nés pendant la guerre d'une femme française et d'un soldat allemand commencent aujourd'hui le dernier chapitre de leur biographie, en ayant toujours caché l'ombre énorme à l'origine d'eux-mêmes.

Ce qu'est l'enfant et ce qu'il fait, prend pour le parent encore mal réparé une signification difficile à comprendre puisque personne n'en parle. C'est le comportement qui médiatise les contresens affectueux entre les parents meurtris et leurs enfants. Quand la mère qui a subi l'inceste trente ans auparavant comprend que sa fille ressent ses premiers émois sexuels, elle devient encore plus craintive et surprotectrice. Or la même mère s'efface devant son garçon quand il arrive à l'âge de l'appétence sexuelle[22]. Pas un mot n'est prononcé lors de ces transactions comportementales qui se passent à l'insu des partenaires du scénario. La mère prend mal conscience des forces obscures qui la poussent à étouffer sa fille par une surveillance intrusive et un dévouement exaspérant, alors que le fils s'étonne de sa permissivité extrême qu'il interprète souvent comme une liberté sans retenue : « Je peux faire ce que je veux, ne pas passer mon bac afin de mieux draguer. » Parfois même il interprète cet effacement comme un abandon : « Je peux faire ce que je veux, de toute façon ma mère s'en fout. » Total contresens !

---

22. C. Kreklewetz, C. C. Piotrowski, « Incest survivors mothers : protecting the next generation », *Child Abuse and Neglect*, 1998, vol. 22, 12, p. 1305-1312.

L'éveil sexuel des adolescents réveille la mémoire douloureuse de la mère violée et trahie quand elle était enfant. Ce qui se passe dans le réel prend des significations différentes et organise des transactions comportementales qui dépendent de l'histoire des parents. C'est pourquoi les adultes qui ont été des enfants maltraités sont souvent soulagés, eux, quand leurs propres enfants arrivent à l'adolescence. Ils pensent presque : « Maintenant il est trop grand pour être maltraité, ouf! J'ai gagné! Je n'ai pas répété la maltraitance. » L'implicite parental provoque des sentiments dont l'expression organise les transactions comportementales, comme si les gestes ou les mimiques servaient d'allusion à ce qui ne peut être dit : « L'éveil sexuel de ma fille m'angoisse, car elle me rappelle mon viol. Il faut que je la protège... L'appétence sexuelle de mon garçon m'effraie et me contraint à m'effacer encore plus... » On peut entendre, aussi : « L'adolescence de mes enfants fait disparaître ma peur de répéter la maltraitance et rend très gaies nos relations. » Quand on a une histoire, un fait ne peut pas ne pas être interprété.

Parler du passé
pour éviter son retour

On ne peut donc pas dire qu'une agression subie dans l'enfance soit l'unique prédicteur des comportements parentaux puisque le parent blessé peut devenir intrusif ou effacé, surprotecteur ou détaché, sombre ou joyeux selon la manière dont évolue sa représentation du traumatisme. Et c'est là que se trouve la force de la résilience.

Puisque nous sommes capables de modifier nos représentations en les exprimant, en les partageant, ou en agissant sur nos proches et notre culture, nous pouvons constater que changent nos sentiments. Le remaniement d'une représentation peut rendre supportable le souvenir d'une blessure passée : « Je n'ai plus honte d'avoir échoué au bac, je suis même assez fier d'avoir monté une entreprise et d'avoir sous mes ordres des cadres qui ont fait les grandes écoles. » Mais il faut se méfier car ce pouvoir d'évocation peut aussi faire revenir la souffrance. Grâce à la littérature, Georges Perec avait pu sortir de l'hébétude de son enfance provoquée par la disparition de ses proches. Son père en 1939 s'engage dans la Légion étrangère : il disparaît. Sa mère l'accompagne à la gare de Lyon à Paris : elle disparaît. Pas de deuil, pas de traumatisme, simplement une disparition, et puis une autre, et puis une autre. L'enfant est hébété car il n'a plus de figure d'attachement pour lui donner envie de vivre. Il est sidéré et l'hébétude le gagne jusqu'au jour où il décide de devenir écrivain pour faire une sépulture à ses parents en parlant d'eux dans ses livres. L'enfant se réveille alors, fait des études d'archiviste et devient romancier. Jusqu'au jour où un éditeur lui demande d'écrire ses souvenirs d'enfance [23]. Après quelques semaines de travail, Perec souffre tellement du retour du traumatisme qu'il doit cesser d'écrire. Le souvenir résilient ne consiste pas à faire revenir la souffrance passée mais au contraire à la transformer, à en faire quelque chose, un roman, un essai ou un engagement. Ce travail de représentation qui métamorphose le passé et nous rend maître de nos sentiments s'oppose au retour du

23. G. Perec, *W ou le souvenir d'enfance*, Paris, Denoël, 1975.

passé qui ramènerait le tourment. Pour écrire le traumatisme sans faire revenir le passé il faut intégrer ce travail
de mémoire dans un projet, une intention, une rêverie.
Dans ce cas : « Écrire est une manière de se confronter à
l'absence de l'objet et l'énergie de tout projet créateur se
puise aux sources du traumatisme [24]. » Tant que Georges
Perec a écrit pour établir une relation avec ses disparus, la
création de ce lien nouveau l'a réconforté et le grand succès littéraire de *La Disparition* [25] a dû bien l'amuser. Jorge
Semprun a suivi le même chemin quand, après un long
silence où la parole ou l'écriture risquaient de faire revenir
la mort, il publie presque à la même date, un roman qu'il
intitule *L'Évanouissement* [26]. L'effet résilient consiste à
« s'engager dans un travail d'écriture [afin de] se confronter à une situation incluant la relation à un tiers
absent [27] ». L'écriture résiliente consiste à renouer un lien
avec un disparu et non pas à ruminer la souffrance passée.

La manière de parler, l'organisation de l'énoncé donneraient-elles à cette représentation le pouvoir de nous
faire passer de la honte à la gaieté, du traumatisme à la
résilience ? « À l'âge de 7 ou 8 ans, je me souviens que
lorsqu'elle (ma mère) décida de nous entretenir brièrement et sobrement des dangers qu'elle avait traversés, je
fus bientôt prise de cauchemars nocturnes. Je voyais des
Allemands bottés qui entraient dans la maison, fracassant

---

24. A. Aubert, « La diversion, voie de dégagement de l'expérience de la douleur », *in* F. Marty, *Figures et traitements du traumatisme*, Paris, Dunod, 2001, p. 224.

25. G. Perec, *La Disparition*, Paris, Denoël, 1969.

26. J. Semprun, *L'Évanouissement*, Paris, Gallimard, 1967.

27. A. Green, *La Déliaison. Psychanalyse, anthropologie et littérature*, Paris, Hachette Littérature, 1973.

tout, et emmenant de force mes parents. J'ai pleuré en cachette, puis vers 11-12 ans, j'ai commencé à lire sur le sujet. J'étais marquée [28]. » Ce n'est pas le trauma réel qui se transmet, c'est le traumatisme, sa représentation. Dans ce cas, s'il est vrai que nous ne percevons le monde que dans le miroir que nous dirigeons vers lui, pourquoi ne le déplacerions-nous pas afin d'en modifier l'image ? « Les morts de la Shoah n'étaient pas seulement des victimes, mais peut-être des dieux sur un autel. À l'époque, je me nourrissais du fantasme que j'aurais bien aimé être un déporté... si je voyais un homme âgé avec un tatouage sur le bras, je trouvais que ça faisait bien. J'aurais bien aimé être à sa place pour être un objet d'admiration [29]. »

Les mariés du désespoir

Du trauma en pleine tête au traumatisme objet d'admiration, il est nécessaire d'essayer de comprendre cette apparente opposition.

Les jeunes revenants des camps de la mort se sont mariés en urgence, dès leur retour à la vie. Ces mariages précoces entre survivants ont été appelés les « mariages du désespoir [30] ». Les nombreuses recherches effectuées à leur sujet ont souligné l'extrême sensibilité des mariés, la

28. S. Landau-Mintz, *Adèle*, manuscrit à publier.

29. M. Rubinstein, *Tout le monde n'a pas la chance d'être orphelin*, *op. cit.*, p. 102-103.

30. Y. Danieli, « Families of survivors of the nazi holocaust : some short and long-term effects in stress and anxiety », *in* I. G. Spielberger, N. Y. Sarason, C. D. Milgram, *Hemisphere*, vol. 8, New York, McGraw Hill, 1981.

douloureuse facilité avec laquelle tout événement récent évoquait leur malheur passé et l'effet prolongé de cet immense fracas. Leurs enfants ont eu à se développer au contact de parents encore blessés, ce qui les a rendus très tôt responsables de leurs aînés dont ils ressentaient la faiblesse. Peut-on parler de transmission du trauma ? Ou serait-il plus juste de dire que ces enfants se sont adaptés à la part d'ombre qu'ils percevaient sur leurs figures d'attachement ?

Les études sur ce sujet sont très contradictoires. Certains soutiennent que les enfants des survivants de la Shoah sont biologiquement altérés, avec un niveau élevé de cortisol témoignant du stress constant réveillé par la plus banale alerte [31]. D'autres scientifiques montrent au contraire que ces enfants élevés comme des icônes sont des « cierges de souvenir » dont les parents se sont rendus affectivement dépendants [32].

Les théories de l'attachement permettent d'apporter d'autres réponses [33] en associant un grand nombre d'approches différentes comme l'*Adult Attachment Inter view* (AAI) (manière dont les adultes évoquent leur rela-

---

31. R. Yehuda, J. Schmeidler, A. Elkin, S. Elson, L. Siever, K. Binder-Brynes, M. Fainberg, D. Aferiot, « Phenomenology and psychobiology of the intergenerational response to trauma », *in International Handbook of Multigenerational Legacies of Trauma*, New York, Plenum, 1998.
32. Z. Solomon, M. Kotler, M. Mikulinger, « Combat-related posttraumatic stress disorder among second-generation survivors : preliminary findings-American », *Journal of Psychiatry*, 1998, 145, p. 865-868.
33. A. Sagi-Schwartz, M. Van Ijzendoorn, K. E. Grossman, T. Joels, K. Grossman, M. Scharf, A. Koren-Karie, S. Alkalay, « Les survivants de l'holocauste et leurs enfants », *Devenir*, 2004, vol. 16, n° 2, p. 77-107.

tion affective avec leurs parents), les mesures d'anxiété, les dosages de stress biologique, les échelles d'impact des événements, les questions sur les deuils et les traumatismes non résolus, les critères d'adaptation sociale et les observations directes sur leur manière de donner des soins à leurs enfants.

Il est ressorti de cet énorme travail que :

- les jeunes survivants de la Shoah avaient nettement moins de représentations d'attachement sécure (23 %) que les groupes de comparaison (65 %),
- qu'ils souffraient nettement plus de deuils non résolus,
- mais que ces difficultés ne s'étaient absolument pas transmises à leurs enfants !

Alors ?

Alors, les entretiens intimes donnent plus de cohérence que les recherches scientifiques. Tout le monde s'est étonné de la grande réussite sociale de ces jeunes survivants. Mais quand on parle avec eux de leur vie intime, on découvre sans peine que leur monde affectif était désorganisé et qu'ils ne se sentaient bien que dans la clarté schématique de l'aventure sociale. Dans leur for intime, ils éprouvaient un lourd chagrin. Alors ils évitaient de penser qu'on pouvait ne pas aimer le cadavre vivant qu'ils étaient devenus, qu'ils respiraient le malheur et qu'ils allaient le communiquer à ceux qui daignaient les aimer. Ils se réfugiaient dans la seule activité où ils ne souffraient pas, où les règles de vie étaient claires, où il suffisait de se lever tôt, de se coucher tard et de ne penser qu'au travail. Là, sur ce minuscule chemin social où l'on se contente de courage, ils ne souffraient pas et même s'apaisaient. La

douleur n'était jamais loin, ils s'attristaient de leur propre
incompétence affective, de ne pas savoir dire « maman »,
de ne pas oser être tendres, de ne jamais inventer un
rituel familial, une petite fête, un rendez-vous affectueux
où les proches se rassemblent pour partager un repas ou
une parole. « Ma mère faisait le même gâteau », comment voulez-vous que cette gentille phrase banale leur
vienne à l'esprit puisqu'ils n'avaient jamais eu ni mère ni
gâteaux ? Ils croyaient compenser leur attachement
désorganisé, leur difficulté à donner forme à l'amour
embrouillé, en travaillant beaucoup pour donner beaucoup. Ils offraient en cachette car ils ne connaissaient
même pas les gestes du cadeau. Certains ont connu une
grande réussite scolaire, alors qu'ils avaient été interdits
d'école pendant la guerre. Beaucoup ont connu une belle
réussite sociale qui surprend ceux qui, après une enfance
paisible dans une famille aimante, ont eu du mal à
arracher quelques diplômes.

J'entends d'ici les malveillants penser : « Alors, vous
dites qu'il faut interdire à un enfant d'aller à l'école pour
le rendre bon élève, et qu'il faut l'enfermer dans un camp
de la mort pour qu'il réussisse socialement ! » Pour éviter
une telle taquinerie, je propose de dire que ces jeunes
survivants ont connu une réussite morbide. Ils ont étudié
et travaillé comme des fous parce que c'est là qu'ils souffraient le moins, qu'ils réparaient l'image de soi et se
remettaient à espérer. Cette réussite morbide illustre le
clivage qui leur offrait un tout petit chemin pour se renforcer au bord d'un gouffre affectif. Ils n'ont pas su aimer
sauf quand un partenaire leur a doucement appris l'attachement sécure que presque tous avaient perdu (77 %).

C'est pourquoi ces « mariages par désespoir » ont été pleins d'espoir, ils ont permis à un grand nombre de traumatisés de réparer leur image, puis de lentement apprendre à tisser un lien paisible. Les enfants nés de ces couples sont arrivés au monde en plein chantier de réparation parentale. Ils se sont attachés à un parent clivé, courageux et ombrageux, socialement fort et vulnérable affectivement, surinvestissant son enfant qui, lui, se sentait dominé et parfois même méprisé à cause de la réussite de ses parents : « Eux, ils sont arrivés à un triomphe social dans des circonstances terribles, alors que moi, à qui ils ont tout donné... Ils doivent me mépriser. Et pourtant, je les sens faibles. »

Les contresens affectueux ont été fréquents dans ces familles. En ne parlant pas de l'horreur qu'ils avaient subie, ils protégeaient leurs enfants et ne leur transmettaient pas le trauma en pleine tête. Mais en se clivant pour moins souffrir et se réparer, ils imprégnaient dans l'âme de leurs enfants un attachement ambivalent.

La manière d'en parler transmet le traumatisme

Les morts sans sépulture n'ont pas provoqué de deuils infinis quand, après le fracas, leur milieu social et affectif a permis une reprise évolutive résiliente. Les jeunes orphelins arméniens, juifs ou rwandais n'ont pas fait de deuil pathologique quand le contexte leur a permis de retrouver un substitut familial. Un lien s'est renoué, leur permettant de revenir à la vie et leur donnant parfois un courage pathologique. Leur résilience s'est mise au travail et leur a procuré un lent apaisement.

Les enfants de ces parents traumatisés, en cours de résilience, avaient affaire à des adultes socialement clairs et affectivement sombres. Le clivage, mécanisme de légitime défense, adaptation à l'agression, ne permet pas encore la résilience mais protège de la souffrance le parent blessé ainsi que son enfant. Si les enfants cachés n'avaient pas su tenir le secret de leurs origines, ils auraient disparu et si, après la guerre, ils avaient dévoilé trop tôt leur part d'ombre, ils auraient transmis le traumatisme à leurs enfants. Ils ont à leur insu provoqué un style affectif ambivalent qui a paradoxalement protégé les petits. C'est grâce à cette défense coûteuse que, devenus adultes, les enfants de survivants ne diffèrent plus des groupes de comparaison [34]. Ils manifestent une fois sur trois un attachement insécure, comme dans toute population. Ce qui signifie que les premiers-nés, plus ambivalents, se sont améliorés avec le temps et les rencontres, alors que les cadets, eux, ont pu se développer le long de parents déjà réparés. Les adultes blessés et leur premier bébé ont été contraints à un travail de résilience qui leur a permis d'apprendre à aimer « comme tout le monde », mais plus tard.

Les styles affectifs qui se transmettent le plus facilement sont l'attachement sécure et le confus [35]. Il s'agit

---

34. *Ibid*.

35. M. H. Van Ijzendoorn, « Associations between adult attachment representations and parent-child attachment, parental responsiveness, and clinical status. A meta-analysis ont the predictive validity of the Adult Attachment Interview », *Psychological Bulletin*, 1995, 117, p. 387-403.

d'une tendance et non pas d'une fatalité puisque la confusion n'est pas irrémédiable. Il suffit d'aider les parents blessés à se réparer pour interrompre la transmission de la détresse. Il n'y a de transmission du traumatisme que lorsque la situation familiale ou le contexte culturel construisent des prisons affectives où le parent blessé, seul avec son enfant, transmet directement sa souffrance. L'adulte ne communique son traumatisme (l'idée qu'il se fait de ce qui lui est arrivé) que dans une relation d'attachement fusionnel, coupée du monde.

Après la guerre, les jeunes survivants ont épargné la souffrance à leur entourage et à leurs enfants grâce au déni, au clivage et au courage morbide. Ils ont payé très cher mais ils ont fait quand même une bonne affaire, car ceux qui n'ont pas réglé ce prix exorbitant ont transmis le traumatisme ou sont restés dans la culpabilité d'avoir survécu. À La Seyne où je travaille, les communistes ont été très courageux pendant la Seconde Guerre mondiale. Certains ont participé à la Libération avec l'armée de Leclerc qui a débarqué en Provence, beaucoup ont été fusillés en tant que résistants et d'autres sont rentrés des camps décidés à témoigner. Ils ont parlé, commémoré, montré des photos, et sans arrêt fait vivre l'horreur de cette incroyable persécution. Ils n'ont jamais pratiqué le déni ni la métamorphose de leurs souffrances tant ils désiraient clamer l'abomination du nazisme.

Leurs enfants ont eu à se développer dans la représentation quotidienne du cauchemar. Les parents sont restés entiers, jamais clivés, toujours courageux et engagés « pour que ça ne se reproduise jamais », et leurs enfants ont intériorisé un monde envahi par la mort, la torture et l'effroi.

À l'opposé, les adultes qui ont pratiqué le déni ont refusé de percevoir ce qu'il y a de traumatisant dans le réel : « Allez c'est fini tout ça... la vie continue... arrêtez de gémir, nous aussi on n'avait pas de beurre. » Ceux-là ont été clivés quand « au sein du psychisme [existent] deux groupes de phénomènes, voire deux personnalités qui peuvent s'ignorer mutuellement [36] ». Ces parents, grâce à ce trouble de leur personnalité, n'ont pas transmis le traumatisme, ce qui ne veut pas dire qu'ils n'ont rien transmis. Leur personnalité curieuse, leur intellectualité intense, leur affectivité forte mais à peine exprimée ont provoqué chez leurs enfants un attachement ambivalent. Admiratifs de ce parent qu'ils craignaient, ils le méprisaient parfois à cause de ses maladresses relationnelles.

Les parents blessés qui ont refusé de se taire pour mieux combattre le nazisme ont parfois transmis un traumatisme en faisant baigner leurs enfants dans une représentation insupportable. Alors que les parents clivés, enkystant leur histoire ont protégé leurs enfants du cauchemar. Ils leur ont appris un attachement ambivalent, mais ce style affectif est un des plus plastiques, c'est celui qu'on peut le plus facilement faire évoluer en agissant sur les représentations véhiculées par les récits d'alentour.

« La majorité des déportés a attendu l'adolescence des descendants pour parler avec eux de la déportation [37]. » Ils en parlaient auparavant, avec leur conjoint, leur belle-famille ou quelques intimes mais les phrases clairement

---

36. J. Laplanche, J.-B. Pontalis, *Vocabulaire de la psychanalyse*, Paris, PUF, 1967, p. 68.
37. C. Breton, « Socialisation des descendants de parents résistants déportés de France », doctorat de sciences de l'éducation, université Paris-X-Nanterre, 1993, p. 370.

énoncées autour de l'enfant ne pouvaient pas entrer dans son psychisme puisqu'elles n'avaient aucune signification pour lui. Il ne s'agit pas d'un déni de la part de l'enfant mais plutôt d'une surdité psychique où l'on ne peut pas entendre une information qui n'a pas de sens. « J'ai revu un kapo avec qui j'étais à Auschwitz. Il a été acquitté à la Libération. Ça m'a fait un drôle d'effet. » Cette phrase entendue par un enfant de moins de 10 ans pourrait prendre un sens assez proche de : « J'ai revu l'épicier avec qui j'étais à Bénodet. Il a fermé sa boutique. Ça m'a fait un drôle d'effet. » Ça ne vaut pas la peine d'être mis en mémoire et ça ne peut pas participer à l'identité de l'enfant dont le père vient de parler ainsi.

En revanche, quand on arrive à l'adolescence, à l'âge de la socialisation, les mots « Auschwitz » et « kapo » sont devenus lourds de sens. Et, ce jour-là, le descendant est alerté par une telle phrase, à condition que la relation verbale parent-enfant soit maintenue à l'adolescence, ce qui n'est pas toujours le cas ; à condition que le conjoint ne fasse pas taire l'ancien blessé pour ne pas être indisposé ; à condition que la famille et les amis soient intéressés par cette information ; à condition que la culture donne la parole aux blessés qu'elle tend souvent à faire taire pour garder sa tranquillité. Quand les récits d'alentour sont librement exposés, « un descendant sur deux dit l'avoir entendue quand il était enfant... et l'autre en a "pris conscience" dans les premières années de l'adolescence [38]... », mais « 20 % de ces descendants n'ont jamais pu en parler [39] ».

---

38. *Ibid.*, p. 371.
39. *Ibid.*, p. 390.

Passer de la honte à la fierté

L'attachement ambivalent des premières années a donc évolué quand l'adolescent, en se socialisant, a soudain trouvé intérêt au récit de la blessure passée de son parent. Quand les descendants de blessés deviennent adultes, ils ont souvent réglé l'ambivalence grâce à leur premier amour, et changé de manière de voir la souffrance de leurs parents.

Dans cette population de descendants, on note que 87 % des enfants sont devenus fiers de leurs parents déportés ou morts quand ils ont été résistants ou quand ils se sont engagés dans l'armée. Le combat du parent offre aux enfants une représentation glorifiante même quand elle n'est pas énoncée en public. L'enfant imagine : « Mon père s'est engagé dans la Légion étrangère. Il a eu une citation à l'ordre de l'armée, avant d'être arrêté sur son lit d'hôpital. » Même quand cette représentation reste intime, l'enfant sait qu'un jour il pourrait la raconter ainsi.

L'histoire de ses parents que l'adolescent met en scène dans son théâtre intérieur provoque des sentiments que l'on peut modifier en agissant sur la culture, les discours politiques, les essais philosophiques et les œuvres d'art. Cette représentation peut évoluer quand changent les intérêts du descendant : « Je m'en moquais, j'en avais peur, ça m'ennuyait et maintenant ça me passionne de découvrir l'histoire difficile de mes parents. » Comme dans une tragédie grecque, ils ont eu à surmonter des épreuves incroyables. Ils ont projeté sur moi leur ombre énigmatique qui a fait de moi un enfant incertain, rêveur, contraint à l'intellectualité. Je suis devenu psychanalyste pour me rendre capable de métamorphoser leurs souffrances en histoire sublime, en récit donnant à comprendre les choses cachées de notre condition : « J'étais fier de ce dont j'avais hérité, fier qu'ils m'aient tous deux transmis cette difficulté, cette question toujours ouverte qui m'avait rendu plus fort... fier de mon nom [40]. »

L'inévitable évolution des récits culturels, des intérêts de l'enfant et du travail de dégagement du blessé explique l'étonnante facilité de dialogue entre les anciens traumatisés et leurs petits-enfants [41]. Avec le temps, leur travail de résilience a bien avancé, et ils ont milité pour changer les représentations intimes et sociales, leurs petits-enfants n'ont donc pas eu à subir l'effet ambivalent de l'ombre de la meurtrissure. La relation est plus claire et le lien plus léger, on peut de part et d'autre en parler avec plaisir. Oui, avec plaisir : le plaisir de l'ancien blessé qui, devenu résilient n'a plus à avouer sa honte et sa souffrance. C'est un récit de victoire contre l'abomination qu'il conte à ses petits-enfants émerveillés d'avoir une grand-mère magnifique qui a su vaincre les méchants et devenir gentille. Siegi Hirsh dit : « Mes petits-enfants, c'est la première fois que je ne dis pas que le numéro sur mon bras est un numéro de téléphone. Je leur explique, je leur parle maintenant comme un grand-père [42]. »

---

40. P. Grimbert, *Un secret*, Paris, Grasset, 2004, p. 177-178.
41. P. Fossion, M. C. Rejas, L. Servais, I. Pelc, S. Hirsch, « Family approach with grandchildren of holocaust survivors », *American Journal of Psychotherapy*, 2003, vol. 57, n° 4.
42. M. Heireman, « Le livre des comptes familiaux », *in* Patrice Cuynet (dir.), *Héritages*, Paris, L'Harmattan, 1999, p. 84.

Le premier enfant de traumatisés est né pendant que ses parents saignaient encore. Les enfants cadets ont moins subi le poids de la meurtrissure parentale, mais ils ont plus reçu le coup de leurs conflits muets. Tous ont ressenti l'ombre, l'énigme inquiétante qui frôle l'angoisse mais qui peut inviter au plaisir des fouilles archéologiques. Un grand nombre de ces enfants sont devenus artistes, découvreurs de cryptes, explorateurs d'abysses comme les romanciers ou les psychanalystes. Ces voyages dans les mondes intimes leur ont procuré la douce fatigue de l'effort et le plaisir de la découverte qui a apaisé leur ambivalence. Le processus de résilience des enfants de résilients a donné aux petits-enfants des parents créateurs et des grands-parents magnifiques. Quand le traumatisme contraint à la transformation à cause de l'effondrement psychique qu'il a provoqué, la résilience invite à la métamorphose qui transforme une déchirure en force, une honte en fierté.

On est loin des causalités linéaires où un agent provoque un effet qui s'aggraverait avec les générations. Dans les théories de la résilience, le sujet se trouve soumis à l'influence d'une constellation de déterminants où il se débat et va chercher intentionnellement les tuteurs le long desquels il pourra reprendre un développement.

La transmission du malheur
est loin d'être fatale

C'est pourquoi l'exemple des enfants de déportés est peut-être un peu trop clair : le Mal est d'un côté et le Bien finit par triompher comme dans la morale d'un conte populaire. Comment vont faire, pour devenir résilients, les enfants maltraités qui veulent protéger le père qui les brutalise ? Comment vont faire les enfants victimes d'inceste qui éprouvent en même temps la honte et le plaisir [43] ? Ça aggrave leur traumatisme puisque les catégories sont moins claires et que le voisinage souvent les agresse une fois de plus, en refusant de croire que leur gentil papa ait pu faire une telle chose.

Les enfants cachés pendant la guerre ont côtoyé la mort chaque jour. Un voisin pouvait les dénoncer pour une simple phrase qui leur aurait échappé, un gestapiste ou un SS pouvait les abattre, comme ça, pour un regard. Le tourment était réel mais ils savaient d'où venait le mal et qui les protégeait. Le Diable s'incarnait dans une idéologie sociale et les Justes les sauvaient grâce à leur affection. Après la guerre, il y a eu des adoptions intrafamiliales souvent heureuses, il y a eu des familles d'accueil réparatrices et parfois thénardières, beaucoup d'enfants n'ont pas pu retourner à l'école, ils n'ont pas reçu de bourse puisqu'ils n'avaient pas de certificat de décès de leurs parents disparus et, ayant appris à se taire pour survivre, ils ont continué en temps de paix. Désirant cacher leur monstruosité, ils paraissaient étranges et s'isolaient encore plus.

Beaucoup d'orphelins de guerre n'ont pas connu une situation plus éprouvante. Quand, avant la catastrophe, ils avaient par bonheur tissé les premiers nœuds d'un attachement sécure et que leurs parents ont été soudainement

---

43. N. de Saint-Phalle, « Honte, plaisir, angoisse et peur... », *Mon secret*, Paris, La Différence, 1994, p. 8.

emportés, ils sont restés fidèles à cette image et ont continué à développer un attachement sain avec une personne
disparue [44]. Ce lien était parfait puisque les parents morts
ne pouvaient plus commettre d'erreur éducative. Ces
enfants ont été encore plus fidèles aux vœux de leurs
parents défunts. Quand un voisin ou une archive a dévoilé
l'ambition du parent décédé : « Ta mère a dit en te mettant
au monde : "Il sera médecin" », cette révélation a donné à
ce dessein d'outre-tombe une puissance non négociable.
Alors, l'attachement est resté idéal après la mort et ce
mandat à travers les générations a chargé l'enfant d'une
mission transcendante. Cela explique le courage pathologique menant aux réussites morbides que notre culture
admire tant.

La transmission du malheur est loin d'être fatale.
Ceux qui ont reçu le choc sont parfois restés morts, mais
ceux qui se sont débattus ont éprouvé un monde intime en
forme d'oxymore : « Accablés par l'horreur dont ils ont été
témoins... [ils ont aussi] la sensation d'avoir été sauvés
miraculeusement [45]. » La deuxième génération se développe au contact de parents en plein travail de résilience.
« Abasourdis par le vacarme du non-dit... en face d'un vide
hanté de fantômes [46] », ils s'en sortent en devenant décryp-
teurs d'énigmes ou réparateurs de mondes mentaux. Si
bien que la troisième génération réinstaure les liens fami-

---

44. R. C. Fraley, P. R. Shaver, « Loss and bereavement :
attachment theory and recent controversies concerning "grief
work" and the nature of detachment », *in* J. Cassidy, P. Shaver (éd.)
Handbook of Attachment, New York, Guilford, 1999.

45. F. Castaignos-Leblond, *Traumatismes historiques et dialogue
intergénérationnel*, Paris, L'Harmattan, 2001, p. 196.

46. *Ibid.*

liaux en découvrant le plaisir d'interroger la première génération, celle qui, par le passé, souffrait dans le réel.

Il est impossible de ne pas transmettre, un simple corps à corps suffit, mais ce qui chemine entre les âmes peut transporter du bonheur autant que du malheur. Quand le trauma provoque une ombre, les récits d'alentour peuvent en faire jaillir des crapauds ou des princesses. C'est ça la force des contes, l'espoir difficile de la résilience.

VII

CONCLUSION

J'ai bien connu M. Superman. Longtemps, je l'ai suivi en psychothérapie. Il souffrait d'une grave névrose de destinée qui lui faisait croire que son existence était gouvernée par une puissance invisible le poussant à voler au secours de toute personne en danger. Cette contrainte répétée donnait à M. Superman la sensation qu'il était conduit malgré lui vers le « retour périodique d'événements qui s'enchaînaient comme dans un scénario identique [1] ».

M. Superman en fut très affecté.

C'est un rêve qui lui permit de découvrir l'énigme de cette répétition. Quand il était petit orphelin dans une institution anonyme, il s'étonnait à son réveil d'avoir fait très souvent un rêve où il lui suffisait de lever les bras et de tourner les jambes comme sur une bicyclette pour doucement s'élever dans le ciel. Quand il était malheureux dans la journée, il faisait la nuit ce rêve de libération extatique.

---

1. J. Laplanche, J.-B. Pontalis, *Vocabulaire de la psychanalyse*, *op. cit.*, p. 279

242   PARLER D'AMOUR AU BORD DU GOUFFRE

Mais le réveil était triste car la descente le ramenait au réel désespérant. Afin de moins souffrir de son inexistence, il s'arrangeait pour se mettre dans des situations difficiles où il se sentait vivre un peu. L'emprise du passé le poussait à répéter ce qu'il avait appris.

M. Superman n'était pas heureux car ce mécanisme de défense qui avait eu son utilité quand il était enfant s'était, avec l'âge, transformé en destin qui le forçait à répéter des scénarios dont il n'avait plus besoin. « Le malheur me porte, disait-il tristement. Je cherche dans le réel les situations qui me donnent une sensation de vie. Dès que l'action d'éclat est terminée, le retour au quotidien confirme le néant de mes jours contre lequel je lutte en réalisant quelques exploits. » Les épreuves forgent le moi dans sa capacité à maintenir la personne en vie face au danger[2], ajoutait-il avec amertume. Ayant ainsi mis au point une stratégie d'existence, il se soumettait avec un plaisir étrange à la manœuvre défensive et se demandait d'où lui venait cette contrainte insolite. À cette époque il ne savait pas que le destin transforme en esclaves ceux qui croient à ce qu'ils inventent.

Il fallait donc se dégager de cette défense qui, en son temps, avait protégé M. Superman mais qui, aujourd'hui, l'emprisonnait dans son passé.

La déchirure traumatique provoque une hébétude plutôt qu'une torture, au point que certains blessés don-

---

2. A. Aubert Godard, « Fondement de la santé, triade et traumas originaires », in F. Marty (dir.), *Figures et traitements du traumatisme, op. cit.*, p. 26

nent l'impression d'une étrange indifférence : « Je ne souffre plus, je cesse même d'exister [3] », soupirent-ils.

On peut rester mort, c'est la solution la plus confortable, c'est même celle que notre culture accepte le plus volontiers. « Après ce qui lui est arrivé, vous pensez bien, il est foutu pour la vie. » Trop de compassion condamne à la mort psychique, et si par malheur vous vous bagarrez pour revenir à la vie, vous risquez de provoquer un scandale : « Quoi ! il danse, il est heureux en revenant du cimetière ! » Porter un deuil longtemps fait croire à la vertu et les veuves joyeuses sont souvent mal jugées. Un blessé de l'âme ne peut paraître moral que s'il souffre sans cesse. Quand par malheur il s'en sort, son rétablissement relativise le crime de l'agresseur. La résilience est suspecte, vous ne trouvez pas ?

Il n'est pas rare qu'on juge ainsi le retour à la vie quand on évalue l'importance d'un crime à la gravité de ses conséquences. J'ai l'impression que, dans les sociétés en voie de construction, on s'identifie à l'agresseur, on admire la force de celui qui s'impose et connaît les moyens de faire triompher ses conceptions sociales. Mais dans les sociétés établies, l'identification à l'agressé permet de paraître vertueux et démocratique. Celui qui est bien installé dans la vie se paie un sentiment de moralité en disant qu'il partage la souffrance des blessés.

M. Superman illustre cette manière de vivre dans une culture où le pauvre, le faible et le besogneux démontrent soudain qu'ils ne sont pas si défaillants que ça puisqu'ils

---

3. S. Ferenczi, « Réflexion sur le traumatisme », *in Psychanalyse 4*, Paris, Payot, 1934, p. 236.

volent au secours des agressés sans quitter leur humble condition. Notre héros illustre cette bascule, de l'état d'injuste dominé à celui de juste dominateur.

La résilience est une troisième voie qui évite l'identification à l'agresseur autant que l'identification à l'agressé. Dans un processus résilient, il s'agit de découvrir comment on peut revenir à la vie sans répéter l'agression ni faire une carrière de victime. Au moment du malheur, ils disent tous, absolument tous : « Je voudrais redevenir comme tout le monde. » Et au moment où certains commencent à émerger, ils disent tous, absolument tous : « J'ai eu beaucoup de chance, vous savez. » On est à l'opposé de l'idéologie du surhomme qui implicitement contient celle du sous-homme.

La résilience tente de répondre à deux questions :
• Comment est-il possible d'espérer quand on est désespéré ? Les études de l'attachement offrent une réponse.
• Comment ai-je fait pour m'en sortir ? Les recherches sur les récits intimes, familiaux et sociaux expliquent comment on peut modifier la représentation des choses.

Un blessé ne peut pas se remettre à vivre tout de suite. On a du mal à danser quand on est fracassé. Après l'effondrement, il faut un temps d'anesthésie pour reprendre son calme et retrouver l'espoir. L'engourdissement psychique qui suit la déchirure explique le déni où l'on perçoit l'horreur : « Oui, j'ai subi un attentat. Il y avait des morts et des hurlements autour de moi. J'ai été gravement brûlé. Et alors ? J'ai connu la guerre d'Algérie et j'en suis revenu ! La vie continue. » Pas de conflit dans un tel raisonnement. Ce sont les autres qui ne comprennent rien. « Une énorme partie de mon psychisme est escarrifiée, et alors...? La vie continue! »

Si l'on marche trop tôt après un choc on aggrave la fracture, si l'on parle à la va-vite on entretient la déchirure. Mais, un jour, il faudra bien cesser de vivre avec la mort et, pour retrouver un peu de bonheur, il faudra bien se dégager de ce passé blessé. Alors on agit, on s'engage, on parle d'autre chose, on écrit une histoire à la troisième personne afin de s'exprimer à la bonne distance, celle qui permet de dominer l'émotion et de reprendre possession de son monde intime.

Les premiers pas sur le long chemin de la résilience sont accomplis après le fracas, dès qu'une flammèche de vie remet un peu de lumière dans le monde assombri par le coup. Alors, cesse la mort psychique et commence le travail de revivre.

Il se trouve que la période amoureuse, la formation du couple, constitue justement une période sensible où l'on rejoue son passé, où les futurs partenaires s'engagent dans cette rencontre avec tout ce qu'ils ont acquis auparavant afin de réaliser leur vie rêvée : « Qui suis-je pour me faire aimer? » Cette question fonde le couple et passe l'entente implicite qui le gouvernera en lui donnant son style.

Dès lors chaque jour, à chaque petit déjeuner, à chaque « bonne nuit », se jouent les miracles machinaux et la richesse du banal qui tissent un nouveau lien et mettent au monde une autre existence.

> Il faut pourtant que cela chante
> Je ne puis pas n'être qu'un cri..

Écoutez pleurer en vous-mêmes
Les histoires du temps passé.
Le grain terrible qu'elles sèment
Mûrit de poème en poème
Les révoltes recommencées [4].

Le privilège du poète, c'est qu'il peut dire en quelques
vers ce qui m'a pris deux cent quarante-six pages.

---

4. L. Aragon, *Le Fou d'Elsa. Le malheur dit*, Paris, Gallimard,
« Poésie », 1963, p. 365-368.

TABLE

I

INTRODUCTION

II

LA RÉSILIENCE, COMME UN ANTI-DESTIN

TABLE 249

III

QUAND LA RENCONTRE EST UNE RETROUVAILLE

IV

MÉTAPHYSIQUE DE L'AMOUR

TABLE 251

V

L'ENFER EN HÉRITAGE

VI

LES CHANTS SOMBRES

TABLE   253

VII

CONCLUSION

Ouvrage proposé par Gérard Jorland
et publié sous sa responsabilité éditoriale

Cet ouvrage a été composé et imprimé par

FIRMIN DIDOT

GROUPE CPI

Mesnil-sur-l'Estrée

pour le compte des Éditions Odile Jacob
en septembre 2004

Imprimé en France
Dépôt légal : octobre 2004
N° d'édition : 7381-1556-X – N° d'impression : 69803